NANTES
secret et insolite

Nous remercions particulièrement Laure Adam et Laurence Benquet
à qui ce livre doit tant.

Nous remercions également tous ceux et toutes celles qui nous ont accordé de leur précieux temps, contribuant par leurs informations à enrichir notre travail, en particulier :

Louis Le Bail
Marc Monthenolle
Yannick Morio
L'équipe au complet de Nantes Renaissance
Christian Zimmer

Nous remercions également pour leur accueil et leurs conseils attentifs l'agence LCL de Nantes (rue Boileau), les Archives municipales, l'Écomusée de Saint-Nazaire, le Service des Espaces verts de la Ville, le Musée départemental Dobrée, le musée des Beaux-Arts ainsi que l'association des Amis de Saint-Sébastien, l'association EPI Patrimoine Industriel, Jean-Yves Bellayer, Jean-Louis Billiot, Irène Gillardot, Ophélie de Peretti et Yves Rochecongar.

Nous n'oublions pas nos proches pour leur amical soutien ni toutes les personnes qui nous ont consacré de leur temps et de leur gentillesse.

Noel 2011
Antoine et Jeanne

NANTES
secret et insolite

LES TRÉSORS CACHÉS DE LA CITÉ DES DUCS

Catherine **Olart**
Photographies de Laurent **Allenou**

LES BEAUX JOURS

Sommaire
PAR QUARTIER ET SOUS-QUARTIER

Dervallières — Zola

Hauts-Pavés — Saint-Félix

Malakoff — Saint-Donatien

Introduction

Ce n'est pas le moindre paradoxe de la « Venise de l'Ouest » que de s'être largement affranchie de son statut de ville d'eau. En comblant, dans les années 1920 à 1940, deux bras de la Loire, et partiellement le lit de l'Erdre, la ville a changé de visage tout en prenant de la distance avec son passé portuaire et maritime. Nantes a perdu la plupart de ses îles, désormais souvent reliées à la cité par de larges esplanades, et il arrive qu'elle en nourrisse une certaine nostalgie. Mais si ces changements, heureux ou pas, ont été voulus par la municipalité, d'autres ont été subis au cours de la Seconde Guerre mondiale. De juillet 1940 à août 1944, la ville fit l'objet de 28 attaques aériennes, les plus terribles se produisant les 16 et 23 septembre 1943 : les bombardiers américains, qui visaient les infrastructures portuaires aux mains des Allemands, firent plus de 1 400 morts et 2 500 blessés et détruisirent ou endommagèrent des milliers d'immeubles nantais.

Ces chiffres, qui disent l'ampleur des pertes, donnent à penser qu'il n'a pu subsister un patrimoine architectural et social important. Et pourtant ! Vieilles pierres, nobles façades, curiosités végétales et autres vestiges industriels sont les témoins bien présents de la riche histoire d'une cité longtemps orientée vers la mer et les contrées lointaines.

Ville de commerce et d'échanges, Nantes a, cependant, joué les belles endormies avant de se tourner résolument vers une autre destinée culturelle et touristique. Et si nul ne songerait à se plaindre de ce rayonnement nouveau, les feux des projecteurs ne rendent pas toujours justice à une histoire plus secrète, plus intime, qui ne se dévoile pas au premier regard. C'est souvent lorsqu'on prête attention à des détails, en apparence anodins, qu'une ville livre sa vérité. Et c'est l'ambition de cet ouvrage que d'inviter le lecteur à découvrir, en écoutant ses murmures, la richesse de Nantes aux mille et un visages.

NdE : Le plan de l'ouvrage s'appuie sur le découpage en onze grands quartiers établi par la Ville de Nantes ; s'ajoutent à cela les trois communes de Rezé, Saint-Sébastien-sur-Loire et Vertou. À l'intérieur de ces ensembles, les notices sont classées par ordre alphabétique de sous-quartier.

« Quand Nantes battait monnaie »

Rue de l'Ancienne-Monnaie
Place du Bouffay
Quartier **CENTRE-VILLE** ◆ BOUFFAY-DECRÉ
Tram 1, arrêt Bouffay

Le nom de cette rue pittoresque qui donne sur la place du Bouffay rappelle qu'on a, jadis, battu monnaie à Nantes, bien avant que celle-ci ne soit rattachée à la Couronne de France. Cette importante institution publique procurait de considérables revenus au duché de Bretagne.

Dans la seconde moitié du XIVe siècle, l'atelier monétaire, installé jusqu'alors dans une maison particulière de la ville close, est transféré dans la tour du Port-Maillard, un ouvrage fortifié situé à proximité du château et à même d'assurer la sécurité de cette « banque ». Rapidement, les lieux se révèlent trop exigus, et la Monnaie est établie au Bouffay, entre les remparts et les halles, dans un ensemble de quatre corps de logis entourant une cour centrale de 45 mètres de longueur sur 30 mètres de largeur. Plusieurs fonctions sont réunies dans ce vaste édifice qui est à la fois fonderie, atelier mécanique, laboratoire, locaux administratifs et logement de fonction. Des dizaines d'ouvriers y transforment annuellement plusieurs tonnes de métaux précieux, surtout de l'argent, en pièces de monnaie.

Au cours du XVIIe siècle, le ralentissement de l'activité provoque la dégradation du bâtiment, qui est abandonné en 1662. Lors de sa réouverture, en 1693, l'Hôtel de la Monnaie, qui fut un des plus importants du royaume, nécessite d'importants travaux de rénovation.

En 1718, l'incendie des halles du Bouffay permet une extension de l'atelier monétaire vers le sud de la place, mais l'édifice, en dépit des campagnes de restauration, menace toujours de s'effondrer. Il faudra, toutefois, attendre 1820 pour que le bâtiment du Bouffay soit rasé et remplacé par le nouvel Hôtel des Monnaies construit rue de Penthièvre (actuelle rue Voltaire), aujourd'hui Muséum d'histoire naturelle.

La première « mairie » de Nantes

Vestiges de mur de la maison des Engins
Rue des Échevins
Quartier **CENTRE-VILLE** ◆ BOUFFAY-DECRÉ
Tram 1, arrêt Bouffay

En plein quartier Bouffay, cœur historique de la ville, face au café Le Perroquet, un pan de mur intrigue le passant. Il y a encore quelques années, une plaque identifiait ce pignon comme le seul vestige de la maison des Échevins, dite « des Engins », construction à pans de bois en encorbellement datée du XVe siècle. Elle devait ce nom de « maison des Engins » au fait qu'elle servait d'entrepôt pour le matériel de guerre de la cité, et était remplie d'*engins* tels qu'arbalètes, balistes et autres cordages.

Acheté par la Ville à l'abbesse de Fontevrault, l'édifice joue d'abord le rôle de première « mairie » de Nantes : un Conseil constitué de bourgeois y tient, sous la présidence du capitaine de la Ville, des assemblées au cours desquelles les échevins délibèrent sur les affaires de la cité – alors capitale du duché indépendant de Bretagne.

À la fin du XVe siècle, les responsabilités civiles et militaires du Conseil augmentant, celui-ci transfère ses activités dans la maison dite « hôtel de la Prévôté », place du Change, don du roi de France Charles VIII, premier époux d'Anne de Bretagne. La première municipalité nantaise, avec maire et échevins, ne sera fondée que dans la seconde moitié du XVIe siècle.

La « maison des Engins », transformée en arsenal, se délabre peu à peu. Elle est rasée au début du XXe siècle pour laisser place à la nouvelle rue des Échevins, et seul subsiste de la construction médiévale ce pan de mur étonnamment surmonté d'une cheminée de style gothique.

Plutôt murer que payer !

Immeuble d'angle
8, rue de la Paix
Quartier **CENTRE-VILLE** ◆ BOUFFAY-DECRÉ
Tram 1, arrêt Bouffay

Le bel immeuble qui s'élève au carrefour des rues de la Paix, du Bouffay et Belle-Image présente des ouvertures murées au niveau de son pan coupé. En 1843, lorsqu'il est édifié par l'architecte Louis Chesniau, l'impôt sur les portes et fenêtres, institué en 1798 sous le Directoire, est toujours en vigueur. Cette taxe singulière, calculée en fonction du nombre et de la taille des ouvertures que comportent les demeures privées, entraîne la construction de logements où l'on ne trouve plus que de petites percées et qui sont, par conséquent, sombres et mal aérés. Pour ne pas payer, on en vient même à condamner certaines existantes, voire à en supprimer ! Bien entendu, ceux qui souffrent le plus de ce prélèvement sont les familles aux revenus modestes. D'ailleurs, Victor Hugo, dans le livre I des *Misérables*, condamne « cet odieux impôt ». Mgr Bienvenu, l'un des premiers à aider le forçat Jean Valjean, s'exprime ainsi dans un de ses sermons : « Mettez-moi de pauvres familles, des vieilles femmes, des petits enfants dans ces logis-là, et voyez les fièvres et les maladies. Hélas ! Dieu donne l'air aux hommes, la loi le leur vend. »

Sous l'influence des hygiénistes, cet impôt aux effets néfastes sera supprimé dans le premier quart du XXe siècle. Curieusement, en Angleterre, un impôt comparable en vigueur aux XVIIe et XVIIIe siècle, mais qui portait uniquement sur les fenêtres, a amené une multiplication des ouvertures, considérées comme un signe extérieur de richesse !

Le beffroi du Bouffay

Église Sainte-Croix
Place Sainte-Croix
Quartier **CENTRE-VILLE** ◆ BOUFFAY-DECRÉ
Tram 1, arrêt Bouffay

Si, à Nantes, nombreux sont les clochers, il n'existe qu'un seul beffroi. C'est au sommet de l'église Sainte-Croix, qui domine le vieux quartier du Bouffay, qu'on peut contempler ce beffroi d'origine communale.

Au Xe siècle, Conan le Tort fait édifier une forteresse à l'angle sud-ouest de l'enceinte qui séparait du fleuve l'actuelle place du Bouffay. Ce sera le premier lieu de résidence des comtes puis des ducs de Bretagne. Quelques siècles plus tard, suite à la construction d'un nouveau château par les seigneurs de la cité, il est transformé en prison et palais de justice. En 1667, on décide, sur deniers publics, de surmonter d'une horloge la vieille tour du château du Bouffay. Celle-ci est reconnaissable de loin avec sa balustrade en fer surmontée d'un dôme en plomb soutenu par des cariatides. Malgré cet embellissement, la destruction du bâtiment est ordonnée en 1848. L'horloge est transportée à l'Hôtel de Ville, en dépit d'une pétition des habitants du Bouffay qui réclame son retour !

On décide alors d'abriter la cloche et l'horloge du Bouffay dans l'église Sainte-Croix, l'ancienne chapelle du vieux château. Reconstruite à la fin du XVIIe siècle, elle ne ressemble pas encore à celle que l'on connaît aujourd'hui : elle se compose alors de deux étages coiffés d'une massive tour carrée. C'est en 1860 que Driollet, architecte de la Ville, dote l'église Sainte-Croix d'un troisième étage surmonté d'un beffroi en métal destiné à accueillir la cloche et l'horloge de l'ancien château du Bouffay ; on distingue, au sommet de celui-ci, des anges dorés qui jouent de la trompette. Et lorsqu'on la découvre au détour de la place, cette étrange façade ne manque pas de surprendre.

En dépit des envieux…

Enseigne Le Rat goutteux
Angle des rues de la Barillerie et de la Haute-Casserie avec l'allée Penthièvre
Quartier **CENTRE-VILLE** ◆ BOUFFAY-DECRÉ
Tram 1-2-3, arrêt Commerce

À l'angle formé par les rues de la Barillerie, de la Haute-Casserie et l'allée Penthièvre se dresse une belle façade Art déco ornée d'une enseigne des plus curieuses : on peut y voir un rat appuyé sur une béquille poussant une voiture chargée de rouleaux de drap. Au-dessus, sur le mur, figure l'inscription « Maison fondée en 1798 ».

Cette marque distinctive serait l'idée d'un marchand drapier désireux de signaler son commerce curieusement nommé « Le Rat goutteux ». La devise du magasin était « En dépit des envieux, vivra le Rat goutteux ». Au-dessus de la porte, une toile peinte, aujourd'hui disparue, représentait trois chats sur la berge d'une rivière regardant passer un vieux rat se prélassant dans une confortable embarcation. Selon la légende, l'animal symboliserait le premier propriétaire, dépeint comme un homme « avare et rhumatisant », livrant lui-même ses clients à l'aide d'une charrette. Celui-ci, détournant les moqueries à son profit, adopta comme enseigne son sobriquet de « rat goutteux ». Les matous, quant à eux, sont une subtile allégorie de la concurrence : ils convoitent la richesse de leur ennemi héréditaire qui reste, au milieu de l'eau, hors de portée de leurs griffes…

Ce rat insolite aurait frappé l'imagination du jeune Jules Verne qui habitait alors à proximité de l'immeuble. Devenu écrivain, il devait s'en souvenir, beaucoup plus tard, en écrivant son conte satirique *Les Aventures de la famille Raton*, publié en 1891 dans *Le Figaro illustré*, et qui met en scène une honnête famille de rats, composée du père Raton, la mère Ratonne, la fille Ratine et le cousin Raté.

Quoi qu'il en soit, le pittoresque de cette enseigne n'a pas fini d'interpeller les flâneurs.

Quand la Rigolette fait recette

Ancienne confiserie Bohu
26, rue de la Marne
Quartier **CENTRE-VILLE** ◆ BOUFFAY-DECRÉ
Tram 1-2-3, Arrêt Commerce

En plein cœur de Nantes, sur une belle façade d'un bleu intense, se détachent des lettres dorées et des motifs floraux stylisés. Cette mosaïque d'inspiration Art déco mérite qu'on ralentisse le pas pour l'admirer. On peut y lire, de haut en bas, « Les Rigolettes nantaises » surmontant la signature de « Ch. Bohu », qualifié de « confiseur » en petits caractères.

En 1902, l'épicier Charles Bohu a l'idée de commercialiser, dans sa boutique du 26, rue de la Marne, une friandise plus tendre que le berlingot nantais – un bonbon de sucre cuit aromatisé dont on raffole à la Belle Époque. Il élabore une nouvelle douceur, constituée d'une coque de sucre fourrée à la pulpe naturelle de fruit, qu'il nomme « Rigolette », du nom… de sa chatte. La petite histoire veut que celle-ci ait été baptisée ainsi par son maître en hommage à l'opéra de Verdi, *Rigoletto*.

La Rigolette fait recette, si bien qu'en 1930 Charles Bohu fait appel aux services du mosaïste italien Isidore Odorico pour décorer la façade de son établissement transformé en confiserie. La mosaïque, expression d'un art décoratif moderne et populaire, répond aussi, par la facilité de son entretien, aux préoccupations hygiénistes du temps.

En 1974, les activités de la confiserie Bohu déménagent au 18, rue de Verdun. Du magasin d'origine, nous reste cet entresol bleu et or, unique dans la ville, et aussi la recette des Rigolettes nantaises. Dans la boutique actuelle, on continue à fabriquer artisanalement cette spécialité gourmande, que ne connaissent pas forcément tous les Nantais… Elle a même retrouvé son écrin d'origine, la boîte métallique ronde du début du siècle dernier, rééditée d'après un exemplaire précieusement conservé par la famille. Depuis plus de cent ans, ce sont toujours les cinq mêmes arômes de fruit – citron, cassis, framboise, ananas et mandarine – qui enchantent le palais des connaisseurs !

Une ruelle-entonnoir

Rue Lambert
Quartier **CENTRE-VILLE** ◆ BOUFFAY-DECRÉ
Tram 1, arrêt Bouffay

Située dans le cœur historique que constitue le Bouffay, la rue Lambert est incontestablement la rue la plus étroite de Nantes. Comme un entonnoir, elle se resserre à mesure qu'on avance depuis la rue des Échevins vers la rue Paul-Dubois. D'ailleurs, à la sortie, elle ne mesure plus qu'un mètre de large.

Elle a porté différents noms, tels que rue Brandouille ou ruelle des Jacobins, en référence à l'hostellerie, toute proche, de cet ordre religieux. Quant à l'origine de son appellation actuelle, elle demeure indéterminée.

Dans cette voie encore pittoresque, la construction en cours d'une résidence para-hôtelière d'affaires détonne quelque peu. Il s'agit d'un projet inscrit dans l'OPAH (Opération programmée d'amélioration de l'habitat) du quartier Bouffay-Decré.

Dans cette partie du vieux Nantes, bien des logements sont frappés de vétusté, voire d'insalubrité. Et ces problèmes ne datent pas d'hier : en 1866, déjà, le Dr Ange Guépin demandait la destruction de la ruelle Lambert, dont il décrivait le spectacle navrant, à tout le moins sa fermeture par deux portes. L'hygiène faisait alors cruellement défaut dans les habitations et l'absence d'éclairage renforçait l'aspect coupe-gorge des lieux…

« Humour, Bonté, Gaieté »

Vignes du Bouffay
Rue du Vieil-Hôpital
Quartier **CENTRE-VILLE** ◆ BOUFFAY-DECRÉ
Tram 1-2-3, arrêt Commerce

Cette sympathique devise est celle des boute-en-train de la Commune libre du Bouffay. L'aventure festive commence en 1974, année de la création de cette petite association pas comme les autres. L'initiative en revient à une bande de copains qui s'inspire du modèle montmartrois, et dont la volonté première est de rendre hommage à ce vieux quartier qu'est le Bouffay et, surtout,… de s'amuser.

Son premier maire, Albert Athimon, inaugure gaiement, en 1976, la plantation d'un carré de vigne sur une petite placette dans la rue du Vieil-Hôpital. Certes, celui-ci est moins célèbre que celui de Montmartre et ne fournit pas un grand cru, mais il est source de réjouissances chaque année au mois de septembre. Les vendanges constituent un moment important dans le calendrier de ces joyeux lurons. La récolte se fait sous la houlette du maire bouffaysien, en présence du roi et de la reine ainsi que de l'ensemble du conseil de la commune libre du Bouffay. Une fois le nouveau millésime goûté, toute la bande de joyeux drilles, revêtue de ses habits d'apparat, défile dans les rues du quartier. Musique, danse et convivialité sont au rendez-vous, et comme le raisin n'est pas vinifié, ce n'est pas l'abus du muscadet et du gros plant de la vigne du Bouffay qui fait tourner les têtes ! Cela fait maintenant plus de trente ans que la commune libre du Bouffay, jumelée avec celle de Montmartre, fait retentir de sa bonne humeur le pittoresque quartier.

Les voies du Seigneur sont hospitalières

Ancienne hostellerie des Jacobins
2, impasse Joseph-Peignon
Quartier **CENTRE-VILLE** ◆ BOUFFAY-DECRÉ
Tram 1, arrêt Bouffay

Le piteux état de l'hostellerie des Jacobins, installés dans la ville close dès le XIIIe siècle, n'incite malheureusement pas le passant à poser sur son architecture un regard attentif. C'est dommage, car il s'agit de l'un des plus anciens bâtiments de Nantes.

Il date, en effet, du début du XVe siècle, époque à laquelle le monastère, qui se verra grandement remanié au cours des siècles suivants, est reconstruit à la suite d'un incendie. Il est édifié par l'ordre des Jacobins afin d'accueillir les pèlerins de passage. Mais des hôtes de marque y ont aussi séjourné, tel Louis XIII venu, en 1626, présider les états généraux de Bretagne, accompagné de la reine Anne d'Autriche et de la cour.

Le monastère des Jacobins comportait, à l'origine, plusieurs bâtiments conventuels dont l'hostellerie, située jadis au milieu de jardins. Le percement de la rue de l'Impératrice (actuelle rue de Strasbourg), dans la seconde moitié du XIXe siècle, va entraîner la séparation de l'église en deux parties, puis sa démolition. C'est à cette occasion que seront mises au jour les sépultures d'Isabeau de Bretagne, sœur de la duchesse Anne, et de Françoise de Dinan, dame de Châteaubriant. Ce logis de quatre étages, desservis par un escalier à vis abrité dans la tourelle, constitue l'unique vestige de l'ensemble médiéval.

De 1979 à 2002, l'édifice a retrouvé sa fonction d'hostellerie en hébergeant la commune libre du Bouffay, association de quartier qui a pour devise « Humour, Bonté, Gaieté » (voir p. 15), jusqu'à ce que son état de délabrement contraigne les joyeux Bouffaysiens à quitter les lieux pour émigrer rue du Vieil-Hôpital.

La mairie de Nantes est aujourd'hui propriétaire du bâtiment, qui n'est pas accessible au public.

De si rares colombages

Maison à pans de bois
7, rue de la Juiverie
Quartier **CENTRE-VILLE** ◆ BOUFFAY-DECRÉ
Tram 1, arrêt Bouffay

Nantes est l'une des rares villes de l'Ouest ayant conservé un cœur historique où si peu de maisons à pans de bois ont subsisté. On n'en compte, en effet, qu'une dizaine, disséminées dans les rues du vieux centre. L'une des plus anciennes, datée de la fin du XVe siècle, se trouve dans la pittoresque rue de la Juiverie, qui doit son nom à la communauté israélite qui y résidait. Les Juifs, pourtant bien implantés dans la région, en seront expulsés, en 1240, par un édit du duc Jean Ier de Bretagne pris sous la pression du roi de France Louis IX.

La maison à pans de bois qui s'élève au n° 7 de cette vieille ruelle constitue un rare exemple de décor à colombages. Comme il est d'usage au Moyen Âge, le rez-de-chaussée abrite l'activité commerciale tandis que l'étage est dévolu à l'habitation. Conforme au parcellaire en lanière médiéval, la construction, étroite en pignon, s'étend en profondeur. Elle comporte trois étages, dont deux en encorbellement, ce qui permet à la fois de gagner de l'espace et d'éviter les ruissellements d'eau de pluie sur la façade. Sous les fenêtres à traverse et meneau, typiques de l'époque médiévale, les pans de bois sont disposés en croix de Saint-André.

Les raions de la disparition, à Nantes, des maisons à pans de bois sont diverses. D'abord, bien sûr, les nombreux incendies, pas moins d'une dizaine, qui ravagent la ville du XVe au XVIIIe siècle. Puis, dès 1680, un premier arrêté interdisant de construire en bois, suivi d'un deuxième, pris en 1725 à la suite de l'incendie survenu à Rennes cinq ans plus tôt, qui durcit encore la loi. Et puis certaines constructions vétustes s'écroulent d'elles-mêmes, tandis que d'autres sont détruites soit par l'explosion de la tour des Espagnols du château des Ducs en 1800 (voir p. 26) soit lors des bombardements de la Seconde Guerre mondiale, sans compter celles disparues au cours des travaux d'urbanisme de la ville, commencés au XVIIIe siècle.

Énigmatiques bas-reliefs

Bas-reliefs
11, rue de la Juiverie
Quartier **CENTRE-VILLE** ◆ BOUFFAY-DECRÉ
Tram 1, arrêt Bouffay

Si l'on sait peu de chose sur l'origine de ces deux bas-reliefs, ce dont on est sûr, en revanche, c'est qu'ils ont fait couler beaucoup d'encre ! En effet, les sculptures colorées, en pierre, qui ornent le n° 11 de la rue de la Juiverie, n'intriguent pas seulement les passants, mais aussi nombre de gens de plume et d'esprit.

La façade où figurent ces curiosités a été refaite au XIXe siècle, époque à laquelle un livre mentionne, pour la première fois, l'existence des deux sculptures, dont l'origine serait beaucoup plus ancienne. L'une représente, en buste, une femme échevelée regardant à gauche. Au-dessus d'elle, dans un fronton triangulaire, on trouve les lettres A et O inscrites en capitales superposées. Dessous, on peut lire « QVERANDA EST ». La seconde montre un homme nu, allongé, semble-t-il, sur deux coffres superposés. Il tient une tortue dans la main droite et son bras gauche replié soutient sa tête. Au-dessous figure l'inscription « EXPECTO DONEC VENIAT ». Son pied gauche ailé fait songer à une allégorie de Mercure ou d'Hermès, étant un des attributs traditionnels du dieu des Grecs et des Romains.

Les inscriptions latines ont suscité diverses interprétations. Dans son *Évocation du Vieux Nantes*, l'historien Henri de Berranger énumère quelques-unes des hypothèses émises par des érudits, pour beaucoup ingénieuses, mais qu'il juge peu satisfaisantes. Dans l'A et l'O superposés, l'un veut voir l'alpha et l'oméga grecs, que l'on peut interpréter comme le commencement et la fin de toutes choses. Un autre énonce : *a supero* (A super O). Tel autre avance que A veut dire « aurore » et O « orient », et que la femme est une personne matinale, méritant qu'on la recherche (*Querenda est*). Le personnage semi-allongé du second bas-relief incarnerait un paresseux attendant que la Fortune lui tombe du ciel.

Plus récemment, l'écrivain-journaliste nantais Stéphane Pajot s'est, à son tour, penché sur ces énigmatiques sculptures, reprenant les anciennes comme les nouvelles théories. Parmi ces dernières, les mystérieuses inscriptions pourraient se traduire par « Celle qui se plaint » (*Querenda est*) et « J'attends jusqu'à ce qu'il (elle) vienne » (*Expecto Donec Veniat*). En ce qui concerne la seconde allégorie, suggestion est faite d'une allusion à l'histoire d'Achille et de la tortue, l'animal attendant indéfiniment le héros endormi, fatigué d'une course sans fin.

Ainsi, de nombreuses théories ont-elles été proposées, sans qu'à ce jour nul ne puisse se vanter d'avoir percé le mystère de ces deux bas-reliefs, mis en couleurs en 2004.

Jean qui rit et Jean qui pleure

Mascarons de l'entresol
12, place du Pilori
Quartier **CENTRE-VILLE** ◆ BOUFFAY-DECRÉ
Tram 1, arrêt Bouffay

Se promener dans Nantes sans voir les mascarons qui ornent les belles façades des immeubles relèverait de la performance car ils sont partout ! La plupart de ces masques, têtes grotesques, sculptés sur les clés de voûte des portes ou des fenêtres datent de la seconde moitié du XVIIIe siècle ou du XIXe. Nombre d'entre eux racontent l'histoire de la grande aventure maritime et commerciale de la ville, qui, à cette époque, se caractérise par d'intenses échanges avec des pays lointains. On y retrouve souvent les représentations de Neptune, dieu de la mer et symbole du négoce nantais lié à son port, ainsi que d'autres divinités mythologiques tels Éole, Bacchus ou Cérès, mais aussi des pirates, des faunes, des visages exotiques et parfois même, tout simplement, les habitants du lieu.

Et pourtant, les mascarons de « Jean qui rit » et « Jean qui pleure » qui ornent l'entresol du nº 12 de la place du Pilori dérogent à la règle.

Ces deux allégories de la gaieté et de la tristesse, qui renvoient aux figures traditionnelles de la comédie italienne, sont placées dans un cartouche de style rocaille, ou rococo. Ce style ornemental, typiquement français, qui va connaître sa plus grande vogue sous le règne de Louis XV, apparaît sur les façades nantaises à partir de 1745. Il se caractérise par un jeu de courbes et contre-courbes, et met la fantaisie à l'honneur. Ces représentations de « Jean qui rit » et « Jean qui pleure » sont à la fois parmi les plus belles et les plus inattendues.

Il pleut sur Nantes...

Ancienne fabrique de parapluies
15 bis, rue de Strasbourg
Quartier **CENTRE-VILLE** ◆ BOUFFAY-DECRÉ
Tram 1, arrêt Bouffay

Dans la rue de Strasbourg, le n° 15 bis contraste avec les beaux immeubles de type « haussmannien » du XIXᵉ qui bordent la voie. Moins élevé, plus large, dépourvu de balcons et surmonté d'un toit plat, il s'agit d'un ancien bâtiment industriel dont la première destination était celle d'une fabrique de parapluies.

En 1924, l'architecte Guibert le construit pour le compte d'un certain Jean Ferradou. Ce nom apparaît, dès 1901, dans la succession du magasin de parapluies Sarret, situé rue de la Fosse, dans le bas du passage Pommeraye, une maison dont la fondation remonte à 1840. Les Sarret comme les Ferradou, probablement proches parents, sont originaires des environs d'Aurillac, important foyer de l'émigration auvergnate au XIXᵉ siècle. Il semble que ces deux familles se soient installées à Nantes à peu près à la même époque, apportant de leur Cantal natal la tradition de la vente de parapluies. Ce métier était alors encore exercé par les seuls colporteurs, et c'est d'ailleurs l'un d'entre eux qui aurait créé, en 1844, la première fabrique de parapluies d'Aurillac.

On ignore jusqu'à quand la fabrique nantaise a fonctionné, mais il est probable qu'elle a été victime des crises financières des années 1930. Les initiales « MH » entrelacées, qui ornent les grilles, datent, elles, de l'installation dans les lieux de la Maison Hachette, probablement dans les années 1940. Aujourd'hui, les locaux abritent des services municipaux.

Un gymnase dans un grand magasin

Gymnase Armand-Coidelle
10, rue La Fayette
Quartier **CENTRE-VILLE** ◆ CALVAIRE
Tram 3, arrêt Bretagne

La façade du n° 10 de la rue La Fayette, qui mène à l'ancien Palais de Justice, semble n'avoir rien pour retenir l'attention des passants… C'est au cœur de l'immeuble que ceux-ci devraient pourtant prendre le temps de pénétrer. Dans cet écrin, ils découvriront un superbe joyau, bien souvent méconnu des Nantais eux-mêmes : le gymnase Armand-Coidelle.

Élevé sur trois niveaux, cet antre sportif offre un décor aux antipodes de ceux des grands complexes actuels. Ici, le sol est recouvert d'un plancher en bois, probablement d'origine. La vaste salle du rez-de-chaussée est desservie par deux escaliers latéraux qui mènent aux coursives supérieures, et dont les rampes et balustrades sont de forts beaux ouvrages de ferronnerie. Enfin, une verrière en sheds, c'est-à-dire en « dents de scie », illumine les lieux.

En 1960, la municipalité, qui souhaite aménager un gymnase pour remplacer celui de la rue Moquechien, acquiert le vaste immeuble appartenant aux magasins parisiens « À Réaumur » – probable calembour d'« Arrêt au mur ».

Fondé à Paris par l'industriel Jean-Baptiste Gobert-Martin, l'établissement a été inauguré en 1897 dans la rue Réaumur, nouvellement percée. Cette enseigne commerciale innove en proposant des articles d'habillement de grande qualité à des prix attractifs. En l'espace de trente et un ans, la surface de vente initiale passe de 1 000 à 6 000 m² et trois succursales sont ouvertes en province : à Briey, en Meurthe-et-Moselle, à Metz et à Nantes. Le bâtiment à usage commercial de la rue La Fayette date des années 1910.

Les magasins parisiens « À Réaumur » cesseront toute activité en 1961. À Nantes, ils ont déjà, quatre ans plus tôt, cédé leur fonds de commerce aux « Grands magasins Georges Braun et Cie ». Lorsque ceux-ci quittent les lieux à leur tour, ils sont transformés en salle de sport. On lui donnera le nom d'Armand Coidelle, un des membres du fameux club de gymnastique La Nantaise, qui s'y entraîne parmi d'autres. Par chance, les bombardements de la dernière guerre ont épargné cette salle magnifique, qui souffre cependant d'un manque d'entretien et aurait grand besoin d'être restaurée.

Design Chapel

Ancienne chapelle des Jésuites
Locaux de la société « I am Design »
9, rue Dugommier
Quartier **CENTRE-VILLE** ◆ CALVAIRE
Tram 3, arrêt Bretagne
Tél. 02 51 72 27 89
Ouvert du lundi au vendredi de 9h à 12h et de 14h à 18h

Autorisés par un édit royal, les premiers Jésuites s'installent à Nantes au XVIIe siècle, dans la rue de Briord, située intra-muros. Après la dissolution puis la restauration de leur ordre, ils reviennent dans la cité et emménagent, en 1841, rue Dugommier à l'actuel n° 9, dans l'ancienne propriété des religieuses du Calvaire.

Quelques années plus tard, le père Magloire Tournesac, architecte et inspecteur des Monuments historiques, entreprend la construction d'un nouveau sanctuaire plus vaste et de style gothique : achevé en 1857, il mesure 50 mètres de longueur sur 16 mètres de largeur. On lui adjoint une sacristie, une maison de retraite, une habitation et on aménage une vaste cour. Les lieux connaissent une importante activité jusque dans les années 1880, époque à laquelle les Jésuites sont, à nouveau, l'objet d'expulsions répétées.

Le calme revenu, les religieux de la Compagnie de Jésus réintègrent la chapelle. Les bombardements de 1943 ne l'épargnent pas : toiture et charpente sont la proie des flammes, les vitraux sont endommagés, le jardin est dévasté, mais voûtes et murs tiennent bon. Les bâtiments seront reconstruits à l'identique à partir de 1952.

En 2003, la Compagnie de Jésus ne compte plus, à Nantes, que trois membres… Désacralisés, les lieux sont mis en vente par la congrégation, et un promoteur nantais rachète la totalité des 2700 m^{2} sans bien savoir quoi faire de ces bâtiments inscrits à l'inventaire du Patrimoine. Diverses hypothèses sont envisagées et, finalement, l'ensemble est divisé en plusieurs lots où s'installent différentes entreprises.

L'une d'entre elles est l'enseigne nantaise « I am Design », spécialisée dans la vente de mobilier contemporain. Pour accéder à ses locaux, aménagés dans l'ancienne petite chapelle privée des Jésuites, il faut tout simplement prendre l'ascenseur. Dès la porte franchie, l'esprit du lieu opère. Les vitraux diffusent une douce lumière bleutée qui confère à l'ensemble une atmosphère apaisante. Le mobilier contemporain qui y est exposé s'intègre parfaitement à l'architecture voûtée. Les planchers peints en blanc apportent une touche de raffinement. Toutes les transformations réalisées ici restent respectueuses du patrimoine et sont intégralement réversibles.

De solides défenses

Porte Saint-Pierre et vestiges des murailles

Cours Saint-Pierre

Quartier **CENTRE-VILLE** ◆ CATHÉDRALE

Bus 11-12-21-23 et busway 4, arrêt Foch-Cathédrale

Nantes se libère de sa ceinture de pierre à partir des années 1760, qui ouvrent l'ère des grands aménagements dus à l'architecte-voyer Ceineray.

L'une des quatre entrées de la ville fortifiée, la porte Saint-Pierre, située à proximité du flanc nord de la cathédrale, va perdre au passage son système défensif. Mais on peut encore voir, à ses pieds, les vestiges des murailles gallo-romaine et médiévale.

À la fin du IIIe siècle, Nantes se dote d'une enceinte qui va, tant bien que mal, assurer sa défense jusqu'au XIIIe siècle. À cette époque, compte tenu de son mauvais état et de l'extension de la ville, sa reconstruction est décidée. Entrée est de la ville close, la porte Saint-Pierre, consolidée au cours des siècles, est rebâtie à la fin du XVe siècle.

Ouvrage de défense important, elle est flanquée de deux tours crénelées : la tour de l'Évêché et la tour de Guy de Thouars. Sa protection est renforcée sur le devant par un belouart, ou boulevard, bastion polygonal avec douves et pont-levis.

L'évêché, qui se trouve entre la porte et la cathédrale, paraît au nouvel évêque Guillaume Guéguen trop exposé en cas d'attaque. Il va donc, au cours de son épiscopat (1500-1506), faire édifier son manoir, de style gothique flamboyant, au-dessus de la voûte de la porte Saint-Pierre.

Le fait que l'évêché ait été alors adossé à la porte Saint-Pierre a sauvé celle-ci lors de la destruction des remparts à la fin du XVIIIe siècle. En 1910, l'évêché disparaît tandis que la porte est restaurée par les soins de l'architecte Étienne Coutan. En même temps, celui-ci imagine un « jardin archéologique » avec les vestiges des murailles de l'ancienne ville close, concept des plus originaux qui mériterait d'être remis en valeur.

La chaire murée

Chaire à prêcher extérieure
Cathédrale Saint-Pierre
Place Saint-Pierre
Quartier **CENTRE-VILLE** ◆ CATHÉDRALE
Bus 11-12-21-23 et busway 4,
arrêt Foch-Cathédrale

L'autorisation de prêcher sur la place Saint-Pierre est accordée en 1450. Habituelles au Moyen Âge, les prédications en plein air, annonces publiques de la parole de Dieu, vont se poursuivre jusqu'à la Réforme. Elles vont même connaître un succès particulier en Bretagne, ainsi qu'en témoigne la chaire extérieure de la cathédrale Saint-Pierre-et-Saint-Paul, qui constitue un des rares exemples qui soient parvenus jusqu'à nous.

L'accès à la gracieuse construction de tuffeau se fait par une porte dissimulée dans l'embrasure gauche du portail latéral Saint-Yves. Sur le linteau figure le blason renversé de l'évêque Jean de Malestroit, sculpté après la mort du prélat en 1443. Ce seigneur ecclésiastique est, avec le duc Jean V de Bretagne, à l'origine de la reconstruction, en 1434, de l'ancienne cathédrale romane dans le style gothique flamboyant. La petite tribune est inaugurée solennellement quelques années plus tard, et le droit d'y prêcher accordé aux moines de différents ordres.

Dans la seconde moitié du XVIe siècle, les chanoines de la cathédrale n'apprécient guère que la chaire serve, la nuit, de refuge aux malandrins et décident de la combler avec des pierres. Elle continuera, néanmoins, de remplir son office d'origine pendant plus de deux siècles, et il faut attendre 1739 pour la voir finalement murée. Sur le devant est placée une croix protégée par un baldaquin couvert d'ardoise, qui disparaîtront probablement dans la tourmente révolutionnaire.

Au cours du XIXe siècle, une nouvelle croix, symbole de la Passion du Christ, est plantée par deux fois, sans qu'il en subsiste aucune trace. Mais la chaire extérieure, en revanche, récemment restaurée, rappelle au passant que la parole de Dieu fut autrefois prononcée ici-même.

« Folie » gothique

La Psallette
Jardin de la Psallette
Quartier **CENTRE-VILLE** ◆ CATHÉDRALE
Bus 11-12-21-23 et busway 4,
arrêt Foch-Cathédrale

La façon la plus agréable de découvrir la Psallette, petit logis gothique de la fin du XVe siècle bâti en granit et tuffeau, est certainement de l'aborder par le jardin du même nom. Caché au fond de la cour Saint-Laurent, à proximité de la cathédrale, ce charmant édifice a longtemps été soustrait aux regards.

Aujourd'hui dégagée et mise en valeur, la Psallette présente, côté jardin, un bâtiment principal flanqué d'une tourelle d'angle en encorbellement, supportée par un cul-de-lampe décoré de corbeaux fleuris – jolie fantaisie architecturale propre aux artistes du Moyen Âge. Les contours de la porte d'entrée, en anse de panier, sont soulignés d'une guirlande de feuilles de vigne. De part et d'autre, on devine deux écussons aux armes de Bretagne, presque effacés par le temps.

À l'origine, la demeure est construite pour servir de résidence à l'archidiacre de la Mée, chargé par l'évêque de gouverner le territoire Nord du diocèse de Nantes, qui s'étend alors de l'Erdre à la Vilaine et jusqu'à l'océan.

C'est au XIXe siècle que l'on y installe l'école de chant de la cathédrale, jusque-là établie place Saint-Pierre, dans un bâtiment aujourd'hui disparu. Le logis devient alors une « psallette », et en prend le nom. Ce joyau de pur style gothique flamboyant, propriété de la Ville de Nantes depuis le début du XXe siècle, attend patiemment l'heure de sa restauration.

Une tour explosive

Tour des Espagnols
Château des ducs de Bretagne
Quartier **CENTRE-VILLE** ◆ CATHÉDRALE
Tram 1 et busway 4, arrêt Duchesse-Anne-Château

Nul n'ignore que le château des ducs de Bretagne est un lieu emblématique de l'histoire de Nantes et de la province bretonne. Après quinze ans de travaux et trois ans de fermeture totale, il a rouvert ses portes au public en 2007.

En 1466, le duc François II, père de la duchesse Anne, décide de raser le château de la Tour neuve construit au XIIIe siècle. Le nouvel édifice se doit d'être une demeure ducale en même temps qu'une forteresse militaire capable de résister à l'ennemi français. Le mariage de Claude, fille d'Anne de Bretagne et du roi Louis XII, avec le futur François Ier, en 1514, va assurer le rattachement définitif de la Bretagne à la couronne de France, en 1532. Au cours des XVIe et XVIIe siècles, le château devient la résidence bretonne des rois de France avant d'être transformé en place militaire. Au XVIIIe siècle, il se voit converti en arsenal. De nos jours, il abrite un musée consacré à l'histoire de Nantes et du pays nantais.

C'est en 1800 qu'explose la tour des Espagnols, ainsi appelée parce que des soldats de cette nationalité y auraient été emprisonnés. Cette tour servait alors de magasin à poudre (la vente de poudre au public constituait l'un des monopoles de la Ville), dont plus de trois tonnes y étaient entreposées. Cette explosion fit une soixantaine de morts et une centaine de blessés, souffla une centaine de maisons et endommagea gravement la façade sud de la cathédrale. Elle fit aussi disparaître la chapelle, le pavillon du lieutenant du Roi et la salle des Archives du château. Depuis la cour intérieure, le vide laissé par ces bâtiments est encore perceptible.

À l'extérieur, à gauche de l'entrée principale, on verra un espace de verdure en forme de fer à cheval, qui constitue l'unique trace de la tour des Espagnols. L'observateur avisé remarquera également une différence dans l'appareillage des pierres du rempart surplombant ce vestige.

L'explosion de la tour des Espagnols fut telle que nombre de Nantais crurent au retour des Vendéens ! La Révolution et ses horreurs étaient encore si présentes dans les mémoires qu'un quart de la population prit même la clé des champs…

Un cinéma culte

Le Cinématographe
12 bis, rue des Carmélites
Quartier **CENTRE-VILLE** ◆ CATHÉDRALE
Bus 11-12-21-23 et busway 4, arrêt Foch-Cathédrale
Tél. 02 40 47 94 80
www.lecinematographe.com

Il existe, à Nantes, un cinéma associatif qui s'adresse plus particulièrement à un public cinéphile : c'est le *Cinématographe*. La salle de la rue des Carmélites, qui a fêté son centenaire en 2008, ne manque pas de cachet avec ses fauteuils d'un beau rouge, son élégant balcon où se trouve la cabine de projection et ses murs appartenant à l'ancienne chapelle des Carmélites.

Ces religieuses s'installent à Nantes en 1618 sur la paroisse Saint-Denis, dans la chapelle Saint-Gildas. Cette dernière leur est concédée sous réserve d'élever de l'autre côté de la rue un nouvel édifice ouvert au culte public : celui-ci est consacré en 1638. La petite chapelle Saint-Gildas disparaît à la fin du XVIIIe siècle, bien avant la tourmente révolutionnaire qui disperse la communauté. La chapelle des carmélites devient alors, successivement, temple protestant, atelier de serrurerie et, en 1908, salle de cinéma.

La demande de création de l'*American Cosmograph* est déposée en mairie au nom de la société Chocolat Poulain. Ce premier cinéma permanent nantais attire rapidement un public nombreux. Dans les tablettes de chocolat Poulain, les gourmands chanceux trouvent des bons leur offrant une entrée à moitié prix. La salle visant un public chic, une tenue appropriée à l'élégance des lieux est exigée et, comme dans tout établissement de cette classe, un groom en livrée conduit les spectateurs jusqu'à leur siège.

Les projections se font directement sur le mur, accompagnées par le son d'un piano. Rebaptisé *Le Celtic* à l'époque de la Seconde Guerre mondiale, ce pimpant cinéma au décor théâtral prend le nom de *Cinématographe* en 1983.

À la bonne heure

Méridienne
8, rue de la Bourse
Quartier **CENTRE-VILLE** ◆ COMMERCE
Tram 1-2-3, arrêt Commerce

Sur la belle façade XVIIIe du no 8 de la rue de la Bourse on remarque, entre premier et second étage, un bien étrange tracé : il s'agit de ce qu'on appelle une « méridienne ». Ce mot (que popularisera le célèbre canapé de Juliette Récamier…) désigne ici un cadran solaire possédant la particularité de ne donner l'heure qu'à midi !

Si l'utilisation du cadran solaire remonte à des millénaires, celui de la rue de la Bourse daterait du premier quart du XIXe siècle. Il permet de régler sa montre à l'heure précise de midi… avec 15 minutes de décalage sur Paris. Selon l'endroit où l'on se trouve, l'heure donnée par le soleil n'est pas identique, car celui-ci ne passe pas au même moment sur le méridien. Or, en 1870, pour des raisons pratiques, le gouvernement impose à la France entière l'heure de la capitale.

Hélas, rien ne sert aujourd'hui d'attendre rue de la Bourse, montre en main, pour se caler sur l'heure solaire : le magnifique ouvrage ne fonctionne plus. Non seulement le balcon ajouté au-dessus, au cours du XXe siècle, lui fait de l'ombre… mais il a perdu son « style », c'est-à-dire le soleil de métal percé d'un trou qui permet à la lumière du soleil de frapper la méridienne à midi juste. Les amateurs se rabattront sur celle de l'Hôtel de Ville.

Les caprices d'un fleuve

Plaque commémorative de la crue de 1872
Ancien palais de la Bourse (pignon nord)
Place du Commerce
Quartier **CENTRE-VILLE** ◆ COMMERCE
Tram 1-2-3, arrêt Commerce

Apposée sur le pignon nord de l'ancien palais de la Bourse, une petite plaque, rouillée par le temps, porte la mention « crue » et la date de 1872.

Les Ligériens semblent avoir toujours redouté les colères de la Loire, fleuve fantasque prompt à quitter son lit. Les premières inondations attestées en pays nantais remontent au Moyen Âge. Plus tard, la crue de 1711 marque les esprits en atteignant la cote de 7,29 m et en emportant une partie du pont de Pirmil.

Le siècle suivant connaît, lui aussi, plusieurs crues notables, mais c'est sans doute celle de 1872 qui sera la plus traumatisante pour les Nantais. Les rues sont en partie inondées, ce qui oblige les secours à circuler en bateau et, l'usine à gaz étant noyée sous les eaux, la ville passe plusieurs nuits dans l'obscurité complète. Les conséquences vont être désastreuses pour l'économie locale : de nombreux commerces et usines sont contraints de limiter, voire de cesser, leur activité, réduisant au chômage quantité de travailleurs.

Pour marquer le souvenir de l'événement, on apposera ici cette modeste plaque. On peut en voir une autre au mur d'un café, devenu pizzeria, de Trentemoult, qui mentionne aussi la date de cette crue terrible.

Au cours des décennies suivantes, les eaux vont, de nouveau, bouillonner jusqu'au cœur de la cité et les crues se succéder, plus ou moins violentes. C'est pour cette raison, entre autres, que la municipalité nantaise décidera, dans l'entre-deux-guerres, de mater définitivement les fureurs de la Loire en modifiant, au prix d'importants comblements, la physionomie de celle-ci ainsi que celle de l'Erdre.

Pièces manquantes

Ancien palais de la Bourse
Place de la Bourse
Quartier **CENTRE-VILLE** ◆ COMMERCE
Tram 1-2-3, arrêt Commerce

Sur la façade ouest de ce bâtiment (lequel abrite aujourd'hui une grande enseigne culturelle) se déploie un vaste péristyle, soutenu par dix colonnes ioniques et surmonté de dix socles… vides. À l'origine, ils étaient occupés par des statues symbolisant, selon un programme éclectique, la *Loire*, l'*Abondance*, les *Beaux-Arts*, la *Ville de Nantes*, l'*Asie*, l'*Afrique*, l'*Amérique*, l'*Europe*, la *Prudence* et l'*Astronomie*.

Ces œuvres, dues au ciseau de Robinot-Bertrand et Debay Père, ont été, comme l'édifice lui-même, gravement endommagées par les bombardements de la Seconde Guerre mondiale, au point de ne pouvoir être restaurées.

Emblème du négoce nantais, l'ancien palais de la Bourse, en revanche, a été – extérieurement, du moins – reconstruit à l'identique de l'original érigé par l'architecte nantais Mathurin Crucy en 1790. Notons que les travaux ont été interrompus sous la Révolution, avant de reprendre suite au passage de Napoléon à Nantes en 1808, et achevés en 1812. C'était alors cette façade ouest, aujourd'hui privée de ses statues et de son horloge centrale, qui était la façade principale de ce modèle d'architecture néo-classique.

Un voyage dans le temps

Passage du Commerce
24, rue de la Fosse
Quartier **CENTRE-VILLE** ◆ COMMERCE
Tram 1-2-3, arrêt Commerce

À deux pas du passage Pommeraye se dissimule, derrière la grille d'entrée du 24, rue de la Fosse, un lieu fort pittoresque du vieux Nantes. Pénétrer dans le passage du Commerce, c'est vraiment remonter le temps. Le goulet est étroit et sombre, en partie voûté et enfoui au cœur d'un enchevêtrement d'immeubles. Jusqu'en 1910, date de sa fermeture, ce passage privé permettait de relier la rue de la Fosse à la rue Santeuil.

La Fosse a longtemps été une zone insalubre, située hors les murs de la cité et soumise aux crues de la Loire. Un plan de Nantes au XVIIe siècle montre un chemin tracé sur ces terrains marécageux, émaillés de rares constructions. Il part de la petite chapelle Saint-Julien, qui s'élevait à proximité de l'actuel palais de la Bourse et aujourd'hui disparue, pour se perdre vers le couvent des Capucins – qui deviendra le cours Cambronne et le quartier Graslin. Cette voie pourrait bien être la plus lointaine trace du passage du Commerce, bien que le plan ne comporte aucune mention permettant de l'affirmer.

Le nom de rue « du Bouvet » ou « de Bouvette » apparaît sur des plans de la fin du XVIIIe siècle et désigne bien le futur passage du Commerce dont la création, selon un document de 1804, est l'œuvre d'un certain sieur Léonard. Bouvet est le nom du coteau sur lequel le passage Pommeraye a été construit. Là se tenait un petit manoir, édifié au XVIe siècle, pour la famille Grilleau des Pavillons. Le bâtiment sera englouti par la construction du passage Pommeraye, en 1841-1843, en même temps qu'une partie du passage du Commerce, encore appelé rue du Bouvet à cette époque.

À l'opposé de la rue Santeuil, le passage débouchait en deux endroits de la Fosse. Mais les murs édifiés entre-temps pour le fermer ne permettent plus de visualiser sa configuration d'origine. Au XIXe siècle, s'il comportait quelques boutiques, c'était plutôt le domaine des femmes de petite vertu. Et, bien que pavé sur toute sa longueur, il n'était pas éclairé, et il semblait plus sage de l'emprunter de jour…

En 1910, l'une des extrémités du passage sera fermée du fait de l'agrandissement de l'imprimerie du Commerce, dont les locaux sont actuellement occupés par le journal *Presse-Océan* – qui va bientôt déménager dans le cadre du projet d'agrandissement du passage Pommeraye.

Œuvres de luxe

CAL de la Poste et de France Telecom
Passage du Commerce
24, rue de la Fosse
Quartier **CENTRE-VILLE** ◆ COMMERCE
Tram 1-2-3, arrêt Commerce

La curiosité n'est en rien un vilain défaut lorsqu'elle permet de découvrir un lieu insolite. Celui-ci se niche au fond du boyau étroit et sombre qu'est le passage du Commerce.

En pénétrant dans les locaux du CAL (Culture Animation Loisirs) de la Poste et de France Telecom, le visiteur se retrouve au sein de l'ancien atelier de lithographie d'Henri Désiré Charpentier, célèbre imprimeur-éditeur du XIXe siècle.

La société Charpentier Père et Fils est fondée en 1822 par le père du jeune Henri, alors âgé de 16 ans. Pierre Henri Charpentier, graveur sur métaux, associe ses fils à l'entreprise, une des premières de France à proposer la publication d'ouvrages par livraison et souscription.

En 1840, la maison ouvre un magasin au nº 32 de la rue de la Fosse où l'on vend, outre des livres luxueux, des objets d'art tels que des estampes et autres statuettes.

À la mort du patriarche, en 1854, la société prend la dénomination d'« Henri Désiré Charpentier, imprimeur-éditeur ». L'année suivante, celui-ci se voit décerner un prix à l'Exposition universelle de Paris pour la qualité de ses ouvrages. Il ouvre alors une maison d'édition dans la capitale et décide, parallèlement, d'agrandir et moderniser l'établissement nantais.

En 1861, il achète un lot d'immeubles en bordure de la rue de la Fosse et de la place de la Bourse et y installe son atelier de lithographie. Ce dernier est aujourd'hui scindé en deux : une partie appartient au CAL et l'autre correspond au magasin de musique voisin.

La verrière qui éclaire la grande pièce centrale du CAL et la galerie qui court à l'étage constituent des vestiges de cet ancien atelier. De ces lieux sont sorties, jadis, de magnifiques estampes, notamment un grand nombre de vues de Nantes fort recherchées de nos jours.

De la cire au pinceau

Sculpture en médaillon
4, rue de la Fosse
Quartier **CENTRE-VILLE** ◆ COMMERCE
Tram 1-2-3, arrêt Commerce

Dans la commerçante rue de la Fosse, il faut légèrement se tordre le cou pour apercevoir, sur la façade du n° 4, une sculpture en médaillon entourée d'une guirlande fleurie.

Au centre est représentée une abeille entourée de l'inscription « La reine des abeilles ». Deux *putti* joufflus sont nonchalamment allongés à demi au-dessus du médaillon et surmontés d'une banderole portant la devise latine *Labor Utilitas*, que l'on peut traduire par « Travail et Profit ». C'est à un certain Élie-Vincent Delaunay qui l'on doit cette enseigne signalant son activité de cirier.

Le 13 juin 1828, naît, dans la même maison, son fils baptisé Jules-Élie, auquel le fabriquant de cierges va transmettre les secrets du métier. Mais le jeune homme se montre plus attiré par la peinture, jusqu'à obtenir, à l'âge de 20 ans, l'autorisation paternelle d'entrer à l'école des Beaux-Arts à Paris. En 1856, il remporte le 2e prix de Rome et part étudier à la Villa Médicis où il séjourne cinq ans.

Revenu dans sa ville natale, il y décore les murs de la nouvelle église Saint-Nicolas, avant de retourner à Paris. Là, il travaille à la décoration de monuments prestigieux comme l'Opéra Garnier ou le Panthéon. Mais une crise cardiaque l'emporte à l'âge de 63 ans, ne lui permettant pas d'honorer entièrement cette dernière commande. Artiste néo-classique, Jules-Élie Delaunay est surtout connu pour ses peintures murales et ses portraits. Il repose dans le cimetière nantais de la Miséricorde, où sa tombe de granit, en mauvais état, est ornée d'une simple croix de bronze.

Écrin précieux pour douceurs raffinées

Confiserie-Chocolaterie Gautier-Débotté
9, rue de la Fosse
Quartier **CENTRE-VILLE** ◆ COMMERCE
Tram 1-2-3, arrêt Commerce
Tél. 02 40 48 23 19
http://gautier-debotte.com
Ouvert du mardi au samedi de 9h à 19h15.
Fermé le dimanche, le lundi et les jours fériés.

À Nantes, la chocolaterie-confiserie Débotté, anciennement Gautier, est une adresse bien connue des gourmets. Refaite à la fin du XIXe siècle, la devanture de la boutique sise au 9, rue de la Fosse, est caractéristique de l'époque qui vit naître les grands magasins. Et le riche décor intérieur, qui date de 1860, est resté intact : plafond dû au pinceau du peintre nantais Picou, pouf central invitant à patienter confortablement, meubles en acajou, lustres de cristal, frises, dorures, sol en marbre… Quel plus bel écrin pour mille et une douceurs exquises ?

Au XIXe siècle, Nantes est un port très prospère, où de nombreuses industries se sont implantées sur les bords de la Loire. En tête, les raffineries de sucre, précieuse matière première que l'on transforme en innombrables friandises.

En 1850, un certain monsieur Caille, confiseur de son état, installe dans cet immeuble du XVIIIe siècle une fabrique de chocolats et de confiseries qui va employer jusqu'à 80 personnes. À la fin du siècle, le commerce est repris par un monsieur Suard qui s'associe à Georges Gautier. Ce dernier a deux fils, dont l'un se forme en travaillant comme ouvrier chez Menier, tandis que l'autre poursuit des études supérieures.

Au début des années 1920, les deux frères mettent leurs compétences en commun pour passer du commerce de gros à l'artisanat de luxe avec pour principe de ne vendre que des produits « faits maison ». De nos jours, savoir-faire et tradition se perpétuent dans cette si belle boutique qui ravit, elle aussi, les yeux autant que les papilles.

Un escalier plein d'esprit

Passage Pommeraye
Rue de la Fosse, rue Régnier et rue Santeuil
Quartier **CENTRE-VILLE** ◆ COMMERCE
Tram 1-2-3, arrêt Commerce
Ouvert tous les jours de 8h à 20h

Qu'on le regarde de face ou de derrière en le contournant, l'escalier du passage Pommeraye est des plus magnifiques !

L'idée de ce passage couvert et privé, qui sera édifié de 1841 à 1843, revient au notaire Louis Pommeraye, qui associe à l'entreprise le restaurateur Charles Guilloux. Il s'agit avant tout d'un projet hygiéniste visant à assainir le quartier de la Fosse, et offrant en même temps un raccourci entre le quartier portuaire des affaires et le quartier culturel Graslin. Et aussi d'une volonté d'encourager le commerce : les chalands peuvent, en effet, y flâner à l'abri des intempéries et des éclaboussures des voitures à cheval.

Une des difficultés majeures que rencontre la réalisation de cette élégante galerie marchande réside dans la dénivellation du terrain : pas moins de 9,4 mètres sur les 134 qui séparent la rue de la Fosse de la rue Santeuil. Une déclivité aussi importante rend quasi impossible le percement d'un passage sur un seul niveau.

L'architecte Jean-Baptiste Buron, assisté de son confrère Hippolyte Durand-Gasselin, imagine alors ce passage échelonné sur trois niveaux, reliés entre eux par un escalier central qui est un pur chef-d'œuvre d'élégance et de légèreté.

L'ouvrage est conçu par le menuisier-modeleur Lotz et confectionné dans la fonderie Voruz Aîné, comme l'indiquent les inscriptions surmontées d'étonnantes gueules de dragon, figurant sur les flancs de l'escalier. La rampe et les contremarches sont ornées d'un fantastique décor de motifs végétaux, animaliers et humains. En prenant le temps, le visiteur pourra reconnaître, entre les marches de bois, des visages, des bustes de femme, des escargots, des souris, des gueules de lion… La vue qui s'offre depuis la galerie haute est des plus spectaculaires : on ne se lasse pas d'observer la foule monter et descendre le merveilleux escalier du passage Pommeraye qui, le soir, se referme sur ses secrets.

GALERIE REGNIER

De tout cœur

Reliquaire du cœur d'Anne de Bretagne
Musée départemental Dobrée
18, rue Voltaire
Quartier **CENTRE-VILLE** ◆ DOBRÉE
Bus 11, arrêt Jean-V
Tél. 02 40 71 03 50
Ouvert du mardi au vendredi de 13h30 à 17h30
et les samedi et dimanche de 14h30 à 17h30

À l'approche de sa mort, Anne de Bretagne exprime le vœu que son cœur repose dans sa bonne ville de Nantes, où elle est née trente-sept ans plus tôt. Le destin l'ayant faite héritière du duché de Bretagne et deux fois reine de France, sa dépouille est déposée à l'abbatiale de Saint-Denis ; seul son cœur est prélevé et placé dans ce reliquaire en or dans le tombeau de ses parents, qui sera profané sous la Révolution.

Usée par la maladie et de nombreuses maternités, la duchesse et reine s'éteint, le 9 janvier 1514, au château de Blois. Son époux, le roi Louis XII, ordonne de splendides funérailles et, respectant le désir de sa femme, fait transporter solennellement son cœur à Nantes, le 19 mars, dans le tombeau du couvent des Carmes où reposent déjà ses parents.

Le royal organe est déposé dans un riche boîtier en forme de cœur surmonté d'une couronne où alternent lys et trèfles, le tout en or fin. Sur chaque face est gravée une inscription rappelant les titres et vertus de la noble dame. Enfin, le reliquaire est enfermé dans trois coffrets en plomb et en fer superposés avant d'être placé dans le caveau familial.

Le précieux objet est envoyé à la Monnaie de Paris en vue d'être fondu. L'écrin est cependant retrouvé, quelques années plus tard, vide et abîmé.

La Ville de Nantes en demande le retour en 1819. Il faudra cependant attendre encore soixante-dix-sept ans pour que ce symbole, aussi somptueux qu'émouvant, de l'attachement que portait Anne à sa chère Bretagne s'offre à la vue des visiteurs du musée Dobrée.

Une nature tourmentée

Inscription sur une tour du palais Dobrée
Musée départemental Dobrée
18, rue Voltaire
Quartier **CENTRE-VILLE** ◆ DOBRÉE
Bus 11, arrêt Jean-V
Tél. 02 40 71 03 50
Ouvert du mardi au vendredi de 13h30 à 17h30
et les samedi et dimanche de 14h30 à 17h30

La splendide architecture néo-romane du palais Dobrée, aujourd'hui musée départemental, remonte… au XIXe siècle. C'est pour abriter les magnifiques collections d'œuvres d'art et d'archéologie qu'il constitua sa vie durant que l'érudit Thomas II Dobrée fit édifier cette étonnante « folie ».

Appartenant à une richissime famille d'armateurs et industriels, Thomas Dobrée se retrouve, à la mort de son père en 1828, à la tête d'une fortune considérable. Il n'a que 18 ans, et nourrit déjà une curiosité extrême pour les arts et l'archéologie. Il va reprendre le flambeau familial pendant dix ans, avant de se consacrer exclusivement à sa passion. Dès lors, il emploie son temps à collecter manuscrits, estampes et autres précieux objets d'art.

Cet homme discret, soucieux de préserver son anonymat, confie souvent à des intermédiaires le soin d'effectuer des acquisitions pour son compte, et il apprécie par-dessus tout l'intimité de son appartement de la place Graslin.

En 1862, il achète l'ancienne propriété épiscopale de la Touche, dont il ne conserve qu'une partie, et fait construire tout à côté un palais de style néo-roman afin d'y installer ses collections. Le coût des travaux, qui vont s'échelonner sur plus de quarante ans, est exorbitant. Mais Thomas Dobrée n'est pas qu'un collectionneur acharné ; c'est aussi un homme d'affaires avisé qui a su faire fructifier son capital.

Il meurt en 1895 avant d'avoir pu voir achevé son colossal projet. L'une de ses dernières volontés prescrit au département de la Loire-Inférieure – actuelle Loire-Atlantique –, auquel il a légué ses collections et son palais, de créer un musée dans celui-ci.

Sur la tour qui surmonte les bâtiments figure l'étrange emblème de cet homme secret et tourmenté : se détachant contre la paroi, une vouivre (serpent ailé d'inspiration médiévale) de bronze, tenant entre ses griffes un cœur de pierre rouge ; au-dessous est écrit, en caractères gallois : « ANN. DIANAF. A. ROG. AC'HANOUN ». Plusieurs traductions ont été avancées comme « Le doute ronge mon cœur », « L'incertitude me dévore » ou encore « L'incertitude me déchire », sans qu'on parvienne à percer définitivement l'énigme.

Marque de fabrique

Bas-reliefs de l'immeuble Garreau
Angle des rues Dobrée et Damrémont
Quartier **CENTRE-VILLE** ◆ DOBRÉE
Bus 11, arrêt Sanitat

Le nom de Jean-Pierre Garreau n'évoque souvent pas grand-chose pour les Nantais. Il est, pourtant, l'un des plus grands bâtisseurs de la première moitié du XIXe siècle.

Né à Nantes en 1801, il devient apprenti maçon dès l'âge de 11 ans, et s'instruit par lui-même. À 21 ans, il s'établit dans sa ville natale comme entrepreneur, et réalise, avec l'architecte nantais Joseph-Fleury Chenantais, ses premières maisons. Sa compétence professionnelle lui vaut une rapide reconnaissance et il ne tarde pas à devenir le maître d'œuvre favori de la bourgeoisie nantaise. Il intervient sur de nombreux chantiers un peu partout à travers la ville, mais surtout dans sa partie ouest qui est alors en pleine expansion. Dans ses différentes réalisations – immeubles, maisons et hôtels particuliers –, il fait montre à la fois d'innovation et de goût.

L'immeuble que Garreau fait édifier pour lui-même par Chenantais, en 1845, offre l'exemple le plus abouti du soin qu'il accordait à la décoration extérieure. Situé à l'angle des rues Dobrée et Damrémont, l'édifice constitue un véritable manifeste de l'art de la Renaissance italienne : porche ouvragé orné de deux médaillons, baies géminées surmontées d'*oculi*, personnages sous dais, etc. L'admiration que l'entrepreneur voue aux monuments romains s'exprime dans les deux bas-reliefs du pan coupé – des représentations de la basilique Saint-Pierre et du Colisée –, qui font en même temps référence à son voyage en Italie.

Sur son autre demeure, située à l'intersection des rues Jean-Jaurès et du Trépied, on verra également sa « marque de fabrique », sous la forme d'une façade d'église, un pont et un immeuble – autant de constructions que Garreau édifia au cours de sa carrière.

Là-haut sous les étoiles

Ancien Observatoire de la Marine
18, rue Flandres-Dunkerque-40
Quartier **CENTRE-VILLE** ◆ DOBRÉE
Tram 1, arrêt Chantiers-Navals

Si le bâtiment du 18 de la rue Flandres-Dunkerque-40, non loin du musée Dobrée, paraît des plus anodins, sa haute tour aux fenêtres délabrées a pourtant de quoi intriguer le promeneur.

Dans le premier quart du XIXe siècle, Nantes souhaite se doter d'une importante école d'hydrographie, destinée à la formation des capitaines de navire, ainsi que d'un observatoire pour l'enseignement de la navigation astronomique. Jusqu'alors, ces cours étaient dispensés dans différents lieux de la ville et l'observatoire astronomique Graslin, créé en 1823 dans l'ancien hôtel particulier du financier du même nom, n'avait qu'une capacité d'accueil restreinte.

La Ville décide d'édifier ces nouveaux locaux sur un terrain appartenant à l'architecte nantais chargé des travaux, Étienne Blon. Le choix de cet emplacement, alors entre ville et campagne, sur un des points les plus hauts de la cité des Ducs, s'avère judicieux.

À l'intérieur du bâtiment de style néo-classique, on aménage une vaste salle de cours pouvant accueillir jusqu'à 600 personnes. Quant à la haute tour carrée, qui s'élève à 27 mètres, elle est destinée à renfermer des instruments de précision. L'observation des astres permet, entre autres, d'ajuster les boussoles, outils indispensables à la conduite des voyages au long cours.

Plus tard, avec l'installation d'instruments météorologiques destinés à enregistrer quotidiennement l'état de l'atmosphère, la tour va devenir un véritable sanctuaire scientifique. Et puis, en 1887, l'École d'hydrographie, qui forma tant de capitaines de navire, ferme ses portes faute d'élèves, tandis que l'Observatoire, concurrencé par celui du Petit Port, dont la situation en pleine campagne est plus adéquate, a perdu de son utilité. Les bâtiments changent alors totalement d'affectation et leur passé prestigieux sombre dans l'oubli.

C'est aux recherches menées en 1999-2000 par Olivier Sauzereau, photo-astronome, que l'on doit la remise en lumière de ce pan, jusque-là peu connu, de l'histoire scientifique de la ville.

Un bijou au cœur d'une île

Cour ovale
9-9bis, allée Turenne et 11, rue Kervégan
Quartier **CENTRE-VILLE** ◆ FEYDEAU
Tram 1-2-3, arrêt Commerce

En 1723, afin de concrétiser son projet d'urbanisme de l'île de la Saulzaie (actuelle île Feydeau), le maire Gérard Mellier réussit à réunir vingt-quatre négociants dans une compagnie d'actionnaires privée. Les propriétaires doivent édifier, à leurs frais, quais, cales, rues et immeubles sur cette île encerclée par deux bras de la Loire. Les parcelles de terrain sont définies selon un quadrillage régulier et les façades des vingt-quatre immeubles imposées. Le plan de ce véritable « lotissement » est l'œuvre de l'architecte Jacques Goubert.

Un tel chantier est très audacieux pour l'époque, d'autant plus que le sol est meuble, ce qui pose rapidement problème. De ce fait, il s'écoule près de vingt ans avant que les travaux démarrent, en 1740. Les derniers bâtiments sont construits dans les années 1780.

Au final, la plupart des propriétaires ne sont plus les actionnaires d'origine. L'obligation de façade du plan Goubert ayant été annulée par un arrêt de 1743, les maîtres d'œuvre ont pu édifier leur demeure à leur goût.

Les immeubles du 9-9 bis, allée Turenne et du 11, rue Kervégan, édifiés en 1756 pour le même propriétaire, un marchand de bois nommé Joseph Raimbaud, possèdent une cour commune. Pour découvrir cette dernière, il suffit de pousser la porte, côté rue ou côté quai, de ces immeubles traversants. Bien qu'on l'appelle la « Cour ovale », celle-ci affecte, en réalité, la forme d'un rectangle à pans coupés. Classée par les Monuments historiques, elle a retrouvé récemment toute sa beauté après de longues années de travaux.

Ce petit bijou architectural est célèbre pour ses loggias et ses balcons aux magnifiques ferronneries. À chaque extrémité de la cour, une cage d'escalier dessert à la fois la double colonne des latrines et les différents appartements qui bénéficient d'une hauteur sous plafond de 3,8 mètres.

Comme l'ensemble de ceux de l'île et nombre d'autres constructions en ville, les immeubles de la Cour ovale ne sont pas des hôtels particuliers, mais des immeubles de rapport. Si, en général, le propriétaire se réserve le premier étage, dit « noble », le reste des appartements est destiné à la location.

Carrier le sanguinaire

Immeuble de la Villestreux
3, place de la Petite-Hollande
Quartier **CENTRE-VILLE** ◆ FEYDEAU
Tram 1-2-3, arrêt Commerce

C'est sous ce qualificatif terrible que l'Histoire a immortalisé Jean-Baptiste Carrier. Son nom est resté tristement célèbre et indissolublement lié à l'époque de la Terreur à Nantes.

Cet Auvergnat, député à la Convention nationale, est envoyé dans la cité des Ducs pour y réprimer les opposants à la Révolution. Là, il s'entoure d'hommes déterminés qui vont multiplier les horreurs. Les ennemis de la République qui croupissent dans les prisons sont les premiers à passer sous le couperet de la guillotine, mais Carrier et ses acolytes jugent insuffisant le rendement de cette sanglante invention ! Et comme on ne sait que faire des milliers de malheureux prisonniers que compte la cité, l'idée germe de s'en débarrasser en les noyant dans la Loire.

Les premières victimes du procédé sont des prêtres réfractaires. D'autres, innombrables, tous sexes et âges confondus, suivent. Les malheureux sont entassés sur des sapines – petits bateaux rudimentaires – dans lesquelles les charpentiers ont ménagé des sabords, que l'on décloue afin de couler l'embarcation. Durant les cent jours qu'il passa à Nantes, Carrier aurait ainsi fait exécuter entre 4 000 et 5 000 personnes.

L'immeuble de la Villestreux – une ancienne demeure d'armateur – a été l'un des lieux de résidence de cet homme dépeint comme un dépravé alcoolique. Rappelé à Paris, Carrier est jugé par le tribunal révolutionnaire, qui condamne sa folie meurtrière, et guillotiné en place de Grève en décembre 1794.

Le Singe doré

Le Temple du goût
16, allée Duguay-Trouin et 30, rue Kervégan
Quartier **CENTRE-VILLE** ◆ FEYDEAU
Tram 1-2-3, arrêt Commerce

Cette belle façade mérite bien l'appellation de « Temple du goût » qu'elle a reçue, peu après sa construction, entamée en 1750. L'immeuble, qui donne d'un côté sur l'allée Duguay-Trouin et de l'autre sur la rue Kervégan, est l'œuvre de l'architecte Pierre Rousseau à qui l'on attribue un bon tiers du lotissement de l'île Feydeau.

Dès le début du projet, daté de 1723, la valeur des terrains chute fortement du fait de l'instabilité des sols. Et, en effet, les premiers immeubles sortis de terre (vers 1740-1741) s'affaissent.

Il semblerait que Pierre Rousseau, qui n'est pas l'un des souscripteurs initial, soit à l'origine, en 1746, de la relance la construction dans l'île en mettant en œuvre la technique mixte de la grille hollandaise (grille de bois) et du système sur pilotis. Il ne fait ici que reprendre le procédé dont il a usé pour édifier la maison Trochon du quai de la Fosse (voir p. 73).

Il se lance alors dans une série d'acquisitions et, bientôt, son activité d'architecte et ses spéculations immobilières le hissent au rang de bourgeois. À sa nouvelle demeure, immeuble de rapport où il occupe, dès 1755, un appartement, il souhaite conférer le faste qui sied à une « maison d'architecte ».

La façade du Temple du goût se caractérise par l'élégance et le rythme : la pyramide des balcons galbés entraîne le regard jusqu'au fronton triangulaire, percé d'œils-de-bœuf et de lucarnes. Mais l'édifice doit aussi son prestige à son monumental escalier suspendu sur voûte en demi-berceau avec retour en arc de cloître.

L'art de Rousseau consiste à donner, grâce à une parfaite maîtrise du trait et malgré une grande économie de matériaux, richesse et mouvement à ses œuvres. Mais l'architecte traîne aussi la réputation d'être un « homme d'illusion », employant au moindre coût les ouvriers qu'il fait venir du Saumurois ou de Touraine, au grand dam des tailleurs de pierre nantais. On le surnomme le « Singe doré » – si « singe » signifie patron dans le langage populaire, le qualificatif de « doré » vient du fait que ce personnage rusé, imbu de son ascension sociale, se pavane en habit doré, portant chapeau et perruque. Le même sobriquet désignera le petit château qu'il se fait édifier sur les bords de Loire, à Saint-Sébastien, et qui sera rasé dans les années 1970 pour construire l'actuelle résidence du Clos-Royal.

La mosaïque des PTT

Ancien central téléphonique
Rue de l'Héronnière
Quartier **CENTRE-VILLE** ◆ GRASLIN
Tram 1, arrêt Médiathèque

On attribue à Graham Bell, d'origine écossaise, l'invention du téléphone en 1876. Trois ans plus tard, le ministère des P. et T. – Postes et Télégraphes – est créé en France, et le succès que rencontre le téléphone lui vaut d'être nationalisé en 1889. Il faudra toutefois attendre 1923 pour que le sigle du ministère reçoive son second « T » pour Téléphones.

À Nantes, l'ancien central téléphonique de la rue de l'Héronnière, dû à Giroux, architecte des Postes et Télégraphes, date de 1921. La façade du bâtiment est constituée de six pilastres en béton armé surmontés de consoles couvertes d'aplats de mosaïques aux tons bleu, or et marron. Ce beau décor Art déco est l'œuvre du mosaïste italien Graziana.

En 1929, l'architecte Henri Vié surélève l'édifice d'un étage, ce qui fait disparaître la terrasse d'origine. Et si la partie haute reste comparable à la partie basse, elle est dépourvue de décoration.

En mars 1952, la municipalité Orrion dote la ville d'un nouveau central téléphonique situé dans la toute proche rue Maurice-Sibille. Bien que le système ne soit alors que partiellement automatisé, Roger Duchet, ministre des PTT, qui visite les nouveaux locaux en août de la même année, aurait qualifié ce central d'un des mieux équipés d'Europe !

Jazz à Nantes

Théâtre Graslin-Opéra de Nantes
Place Graslin
Quartier **CENTRE-VILLE** ◆ GRASLIN
Bus 11-16-23-24-56, arrêt Graslin

On fait naître le jazz, fusion de plusieurs genres musicaux, au début du XXe siècle à La Nouvelle-Orléans. Aussi étonnant que cela paraisse, le premier concert donné en Europe de cette musique élaborée par des Noirs américains aurait eu lieu à Nantes, ville enrichie par le commerce du « bois d'ébène ». La cité des Ducs est, en effet, le premier port français négrier au cours des XVIIIe et XIXe siècles et, malgré l'abolition de la Traite à partir de 1794, c'est aussi le dernier à armer des navires pour la pratique de ce commerce lucratif.

Ce passé est encore proche lorsqu'à la fin de la Première Guerre mondiale, le maire Paul Bellamy organise une fête afin de célébrer l'amitié franco-américaine. Les réjouissances sont animées par une fanfare composée de musiciens noirs. Ceux-ci constituent le 369e régiment, dit *hellfighters*, commandé par le lieutenant « Jim Europe ». De son vrai nom James Reese Europe, ce grand chef d'orchestre-compositeur de la scène musicale new-yorkaise dans les années 1910 tient, dans la culture américaine, une place importante par son rôle dans l'émancipation et la reconnaissance du peuple noir.

Ces « combattants de l'enfer » forment le premier contingent d'Afro-américains venus sur les champs de bataille européens. Intégrés dans les troupes françaises, ils vont nouer des liens amicaux avec les soldats alliés. Aussi, en ce 18 février 1918, sont-ils accueillis triomphalement par la population nantaise qui se rassemble autour du Théâtre Graslin. Sur les marches de ce dernier, l'orchestre joue une musique encore inconnue sur le Vieux Continent ; qualifiée « de Nègre », elle va bientôt déferler sur le monde. Le public se laisse envoûter par le charme du « swing », tandis que le concert se poursuit à l'intérieur du grand théâtre. Les musiciens eux-mêmes sont surpris par le triomphe qu'ils remportent car, dans leur pays, les États-Unis, ils sont victimes de la *front line*, la séparation des races.

Les Nantais garderont longtemps le souvenir de ce concert. Curieux épilogue, le chef de file de ces musiciens combattants trouvera la mort, un an plus tard, à la suite d'un différend avec un membre de son groupe.

Une cigale Art nouveau

Brasserie La Cigale
4, place Graslin
Quartier **CENTRE-VILLE** ◆ GRASLIN
Bus 11-16-23-24-56, arrêt Graslin
Tél. 02 51 84 94 94

« La cigale ayant chanté tout l'été se trouva fort dépourvue quand la bise fut venue… » À l'inverse de la célèbre fable de La Fontaine, où l'on assiste à la déconfiture du lyrique insecte, la Cigale nantaise chante toujours depuis 1895.

Le célèbre établissement ouvre (le 1er avril…) à la Belle Époque, période d'expansion et d'insouciance où les gens aiment s'amuser, et même s'encanailler.

La brasserie, idéalement située place Graslin, attire rapidement une clientèle bourgeoise, et les notables y côtoient actrices et danseuses venues du théâtre voisin. Au moment des entractes, on s'y précipite pour s'y désaltérer, et le gong, à l'entrée du bar, avertit les consommateurs de la reprise du spectacle.

Mais la Cigale doit aussi et, probablement, surtout sa réputation à son exceptionnel décor Art nouveau signé Émile Libaudière, architecte-céramiste nantais. Exubérance et éclectisme peuvent décrire l'endroit caractérisé par des céramiques polychromes, des plafonds peints et des boiseries ouvragées. L'emblématique insecte est partout, décliné dans les bleus et les ocres. Afin d'assurer leur sauvegarde, les décorations intérieures sont classées en 1964 par les Monuments historiques, l'année même où l'établissement est transformé en self-service…

Complètement restaurée en 1982 par ses nouveaux propriétaires, la Cigale a retrouvé tout son lustre initial de brasserie 1900, fréquentée aussi bien par les Nantais que par les « étrangers ». Ne serait-ce que pour le plaisir des yeux, un détour s'impose par cette véritable institution ; y prendre un simple café constitue un luxe à la portée de toutes les bourses.

Destinations lointaines

Ensemble sculpté
3, place Graslin
Quartier **CENTRE-VILLE** ◆ GRASLIN
Bus 11-16-23-24-56, arrêt Graslin

À proximité de la belle brasserie La Cigale (voir p. 47) et face au théâtre, ancres, bouée et cordages sculptés surmontent la porte du n° 3 de la place Graslin.

Pendant des décennies, l'immeuble a abrité le siège de la Compagnie générale transatlantique (CGT), dont nombre de prestigieux navires ont fait flotter, sur toutes les mers du monde, le pavillon à globe rouge. On trouve, à l'origine, la Compagnie générale maritime, fondée en 1855 à l'initiative des frères Émile et Isaac Pereire, qui, six ans plus tard, prend le nom de Compagnie générale transatlantique.

À l'époque, Nantes, située en fond d'estuaire, est le deuxième port de France. Cependant, l'ensablement progressif de la Loire, qui a posé problème depuis le XVIIIe siècle, ne trouve pas de solution en dépit d'importants travaux.

On décide, dans les années 1840, de créer un bassin à flot pour la navigation dans le petit port de pêche de Saint-Nazaire. Le trafic s'intensifie rapidement, et les frères Pereire choisissent le site proche de Penhoët pour établir, en 1862, leur chantier de construction navale. L'*Impératrice Eugénie* sera le premier de la longue série des luxueux paquebots, véritables palaces flottants destinés à une clientèle aisée et cosmopolite, qui en sortiront.

L'importance du trafic de la ligne à destination du Maroc, créée en 1911 en partance de Nantes et du Havre, amène l'ouverture d'une agence nantaise de la CGT, au 92, quai de la Fosse. Après la création d'une deuxième ligne Algérie-Tunisie, en 1919, cette agence supplante même celle de Saint-Nazaire. Puis la ligne du Mexique fait les beaux jours du port de Nantes-Saint-Nazaire dans les insouciantes années 1920 avant de fermer à la suite du krach boursier de 1929.

Au lendemain du conflit mondial, l'agence nazairienne n'est pas réouverte en raison des terribles bombardements qui se sont abattus sur la ville. Celle de Nantes, en revanche, reprend ses activités au n° 3 de la place Graslin où elle a emménagé.

Les liaisons avec les pays d'Afrique du Nord constituent une grande partie du trafic, jusqu'à ce que l'indépendance de la Tunisie, du Maroc et, surtout, de l'Algérie porte un coup fatal à l'agence nantaise qui ferme ses portes en 1970. Sept ans plus tard, la CGT fusionne avec la Compagnie des messageries maritimes pour devenir la Compagnie générale maritime (CGM). Si l'on devait ne garder en mémoire qu'un symbole de la prestigieuse « Transat », ce serait sûrement le luxueux paquebot *Normandie*, sorti des chantiers de Penhoët en 1932.

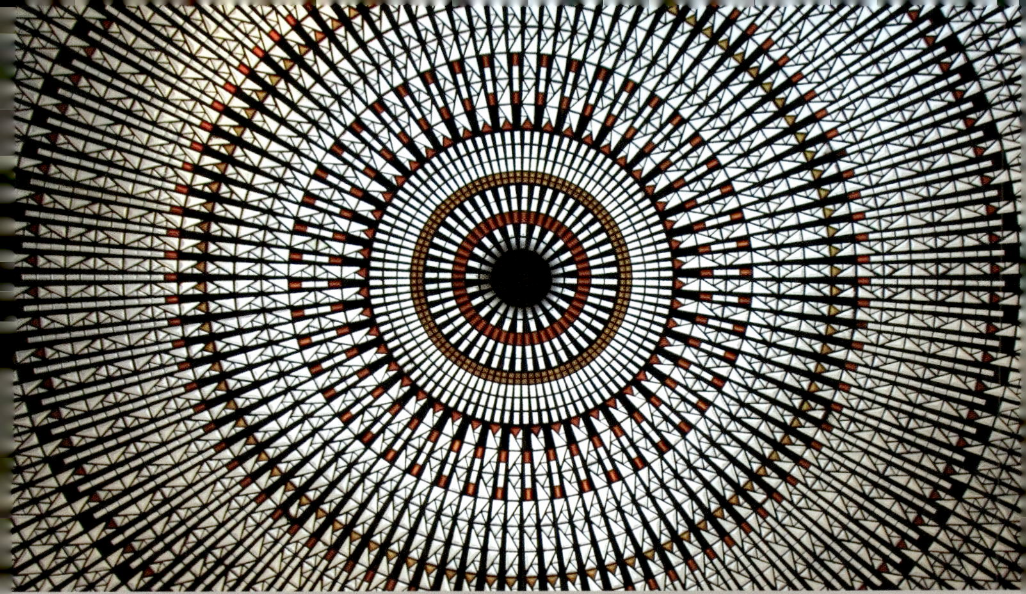

Sous la coupole rayonnante

Coupole de l'immeuble de la CGA
14, rue Racine
Quartier **CENTRE-VILLE** ◆ GRASLIN
Bus 11-16-23-24-56, arrêt Graslin

Alors qu'il était possible, jusqu'à une date récente, de contempler à loisir ce chef-d'œuvre multicolore, on se heurte aujourd'hui à une porte vitrée, mais fermée… Néanmoins, la splendeur du grand immeuble Art déco de la rue Racine mérite qu'on s'y attarde.

Sa construction est une commande de la CGA (Caisse générale Accidents) – aujourd'hui Caisse générale d'assurances mutuelles – passée, en 1928, aux architectes Henri Vié père et fils. Le succès que rencontre le jeune établissement lui impose, en effet, l'installation d'un siège social à Nantes. Mais ce projet offre, en même temps, l'occasion de réaliser une plus-value immobilière puisqu'une partie du bâtiment sera dévolue à la location de logements et de bureaux.

Ce monumental immeuble constitue, sans aucun doute, la plus importante construction privée réalisée avant-guerre dans la ville. Ordonnancé sur rue, le bâtiment en béton, à la façade plutôt classique, comporte six étages.

Le gigantesque portail central ouvre sur un premier hall d'entrée, qui offre aux regards son pavement en mosaïque Art déco. Le second hall, qui dessert l'accès aux étages, présente, en revanche, un décor plus moderne.

Outre la mosaïque au sol constituée de motifs géométriques, œuvre de Graziana, la merveille des merveilles se trouve dans l'ancienne salle des guichets, à laquelle on accède par une volée de marches. Il s'agit, bien sûr, de cette impressionnante verrière circulaire en béton armé et pavés de verre multicolores, chef-d'œuvre de virtuosité technique.

Il est dommage qu'on ne puisse plus l'admirer dans son cadre, et on ne peut que souhaiter que la NGE (Nantes Gestion Équipements), récemment installée dans les lieux, ouvre à nouveau au public cette salle au magnifique éclairage zénithal.

Une première Art déco

Immeuble Art déco
10 bis, rue Kléber (angle rue de La Galissonnière)
Quartier **CENTRE-VILLE** ◆ GRASLIN
Bus 11-16-23-24-56, arrêt Graslin

En 1925, ce magnifique immeuble de deux étages sur entresol, édifié par les architectes Henri Vié père et fils, résulte d'une commande de l'entrepreneur Ducos qui souhaite y installer ses appartements privés et les bureaux de son entreprise.

Il constitue le premier bâtiment d'habitation construit dans la ville en style Art déco, un mouvement artistique alors naissant.

La façade sur le pan coupé présente un oriel – qu'on appelle aussi *bow-window* –, formant une avancée sur toute la hauteur des deux étages.

Son décor raffiné est l'œuvre de l'artiste mosaïste Isidore Odorico, à qui l'on doit également l'enseigne des *Rigolettes nantaises*, rue de la Marne (voir p. 13). Les aplats de mosaïque, où dominent les tons ors et orangés, se composent de lignes droites ou ondulantes et de cercles aplatis cernés de noir qui affirment avec force le style géométrique. Ils sont nichés sous la corniche et les balcons, ainsi que sur les fenêtres et les côtés arrondis de l'oriel.

Les garde-corps des balcons et du toit-terrasse – qui a été le tout premier du genre à Nantes – associent le béton et le fer forgé, dont les motifs linéaires rappellent ceux du décor d'Odorico.

Itinéraire d'un cinéma ambulant

Cinéma Katorza
3, rue Corneille
Quartier **CENTRE-VILLE** ✦ GRASLIN
Bus 11-16-23-24-56, arrêt Graslin
Tél. 02 51 84 90 69
www.katorza.fr

À deux pas du Théâtre Graslin, le cinéma Katorza est le rendez-vous incontournable des cinéphiles amateurs d'art et essai et de films étrangers diffusés en VO. Il fait le régal des passionnés du grand écran depuis bientôt cent ans !

Son nom est, tout simplement, celui de son créateur, un certain Salomon Katorza. Ce forain d'origine tunisienne était un montreur d'images parcourant les foires à travers toute la France. Un joli conte voudrait qu'il doive ce nom de Katorza – qui s'écrivait primitivement K'torza, puis Ketorza – aux quatorze wagons nécessaires au transport de son matériel…

Ce personnage installait périodiquement son cinéma ambulant à Nantes où, las de courir les routes, il finit par s'établir. Dans un premier temps, il loue la salle de l'« Apollo » qu'il transforme en cinéma. Puis ce dernier est transféré, vers 1920, dans l'ancien dancing « Élysée-Graslin » de la rue Corneille, que, cette fois, Katorza achète. Il baptise de son propre nom la jolie petite salle, où sa femme accompagne les films en improvisant au piano.

Les bombardements de 1943 détruisent ce lieu de rêve – décédé en 1928, Katorza n'aura pas vu son établissement réduit à un amas de décombres.

Après la guerre, le cinéma est reconstruit par sa propriétaire d'alors, Mme Nouailles, et devient une salle d'art et essai.

Depuis peu, le cinéma Katorza s'est encore refait une beauté. À cette occasion, les nostalgiques ont pu acquérir ses anciens fauteuils pour la modique somme de 2 euros pièce, à la condition de venir avec sa clé à pipe de 10 mm.

Un hall digne d'un palace

Hall de l'agence LCL
4, rue Boileau
Quartier **CENTRE-VILLE** ◆ GRASLIN
Bus 11-16-23-24-56, arrêt Graslin

Difficile de croire que la photo a été prise non dans le hall d'un palace, mais dans celui du siège d'une grande banque, et pourtant...

Les monumentales et sobres façades, de style néo-classique, qui font l'angle des rues Boileau et Rubens, invitent à franchir le seuil du bâtiment. La beauté extérieure de celui-ci tient ses promesses, et le décor intérieur vaut le coup d'œil. De style Art déco, le cadre est raffiné et lumineux, grâce à l'immense verrière qui surplombe le vaste hall agrémenté de plantes spectaculaires. La clarté du lieu est encore accentuée par le choix d'un décor blanc et jaune.

On est presque surpris d'y découvrir des guichets, qui confirment que l'on se trouve bien dans un établissement bancaire, plus précisément dans l'agence historique de LCL à Nantes.

L'ancien Crédit Lyonnais est créé dans la seconde moitié du XIXe siècle à Lyon. Son succès entraîne l'ouverture d'agences, d'abord à Paris puis dans les grandes villes de province. La première agence nantaise s'installe rue Boileau en 1881, dans un bâtiment qui sera ravagé par un incendie en 1922. Deux ans plus tard, l'architecte André Narjoux construit le bel édifice que nous voyons toujours, et qui nous offre son si séduisant décor.

Une rencontre surréaliste

Lycée Guist'hau
3, rue Marie-Anne-du-Boccage
Quartier **CENTRE-VILLE** ◆ GUIST'HAU
Bus 22-51-54, arrêt Harouys

C'est entre ces murs que le destin réunit, en mars 1916, deux hommes dont la rencontre allait être à l'origine de l'un des grands mouvements artistiques du XXe siècle, le surréalisme.

En 1910, Gabriel Guist'hau, maire de Nantes, souhaite agrandir le lycée de jeunes filles situé rue Harouys, et il décide de le transférer dans les bâtiments du proche externat des Enfants-Nantais, rue Marie-Anne-du-Boccage. Ce dernier est sous séquestre depuis 1906, à la suite des lois de séparation des Églises et de l'État. Les travaux d'aménagement du futur lycée Guist'hau commencent en 1911, pour se voir brutalement interrompus par la Première Guerre mondiale. À peine terminés, les locaux de l'internat sont convertis en hôpital.

C'est dans ce contexte de guerre et dans ce lieu qu'André Breton, mobilisé comme interne provisoire en médecine, rencontre Jacques Vaché, soigné pour une blessure au mollet. Dans *La Confession dédaigneuse*, Breton brosse en 1924 le portrait de ce personnage qui allait le marquer à jamais : « D'un an plus âgé que moi, c'était un jeune homme aux cheveux roux, très élégant… »

Ce jeune dandy nantais, désinvolte et ironique, prône l' « Umour », sans h, et se moque du « pohète » que veut devenir Breton. Ce dernier est envoûté par la personnalité du singulier révolté qui a lu Nietzsche et Jarry et aime multiplier les provocations. Vaché enseigne à Breton la vanité de l'art pour l'art et l'éloigne du symbolisme. Pendant les quelques semaines de la convalescence de Vaché, les deux jeunes gens, devenus inséparables, écument les cafés du port et autres lieux d'échange et de culture.

Rétabli, Jacques Vaché repart sur le front en tant qu'interprète attaché aux troupes britanniques. Jusqu'à la fin de la guerre, il écrit à Breton des lettres que celui-ci publiera, à titre posthume, sous le titre de *Lettres de guerre*. En effet, le 6 janvier 1919, on découvre, dans une chambre de l'Hôtel de France, place Graslin, les corps nus de Vaché et d'un camarade, morts d'une surdose d'opium. Pour la police, c'est un accident. Pour Breton, c'est un suicide, une dernière « fourberie drôle » de son ami qui se refusait « à être tué en temps de guerre ». Cette amitié, brève, s'avère déterminante pour André Breton chez qui germe déjà le surréalisme.

Quand les moulins tournaient

Vestiges d'un moulin à vent
Angle des rue de Sévigné et Marie-Anne-du-Boccage
Quartier **CENTRE-VILLE** ◆ GUIST'HAU
Bus 22-51-54, arrêt Harouys

Aux XVIIIe et XIXe siècles, le coteau Delorme, aujourd'hui quartier Guist'hau, est peuplé de nombreux moulins à vent, qui broient les céréales. De cette importante activité ne subsistent que le moulin de la rue Harouys et, à l'angle des rues de Sévigné et Marie-Anne-du-Boccage – cette dernière autrefois appelée rue… des Moulins –, la base en granit d'un autre qui fut actif jusqu'à la fin du siècle des Lumières.

Sous l'Empire, il est rasé à 4,5 mètres du sol, et surmonté d'un pavillon en tuffeau pour être transformé en belvédère. Lequel sera, à son tour, détruit au milieu du XXe siècle.

Entre-temps, Mlle Henriette Bellair, professeur de dessin au lycée Guist'hau et d'histoire de l'art à l'École des Beaux-Arts, a exécuté une superbe illustration de la petite tourelle, qui est, à ses yeux, « un véritable bouquet poétique à conserver ». Née à Paris dans un milieu artistique, cette femme peintre et illustratrice milite en faveur de la défense du Vieux Nantes. Dans une lettre pleine de délicatesse, elle demande l'intervention de la Société académique afin de conserver ce « charmant témoin du passé ». Son dessin de la tourelle et sa supplique paraissent dans le n° 101 des *Annales de la Société académique* de juillet 1955. En dépit de toute l'élégance qu'elle met à défendre le charmant édicule, elle n'est pas entendue.

De la tendresse au cauchemar

Rue Bonne-Louise
Quartier **CENTRE-VILLE** ✦ GUIST'HAU
Bus 22-51-54, arrêt Harouys

L'origine de l'appellation de cette rue est si charmante qu'elle mérite d'être contée. Louise-Françoise Dumoustier de la Brosse est, dans la seconde moitié du XIXe siècle, l'épouse tendrement aimée d'un certain Charrier. Le brave homme possède, à Nantes, un terrain situé dans le quartier Delorme, aujourd'hui quartier Guist'hau, que convoite la Ville en vue de percer une nouvelle voie. Par amour pour sa femme, le sieur Charrier cède gracieusement sa propriété, demandant, pour seule contrepartie, que la rue porte le surnom affectueux qu'il donne à sa moitié : « Ma bonne Louise ».

Une autre histoire, beaucoup moins séduisante celle-ci, mais de source plus sûre que la première, s'est déroulée dans cette rue quelques décennies plus tard. Le 4 décembre 1890, dans une des demeures bourgeoises de la rue Bonne-Louise, un homme tue sa femme d'une balle dans la tête. La malheureuse s'était réfugiée chez ses parents pour fuir son mari violent et alcoolique. Il semble bien que celui-ci, l'aristocrate René-Pierre Sarrebourse d'Audeville, descendant d'une illustre famille de négociants nantais, l'avait plus épousée pour sa fortune que pour ses beaux yeux. Il n'a pas supporté que son épouse le quitte, mais, surtout, qu'elle lui coupe les vivres… Jugé, le meurtrier évita de justesse l'exécution en étant gracié par le président Sadi Carnot. La République, lui « offrit » néanmoins un séjour au bagne en Nouvelle-Calédonie.

Entre cour et jardin

Hôtel de Châteaubriant
Rue Fénelon, 13, rue de Briord et rue du Moulin
Quartier **CENTRE-VILLE** ◆ HÔTEL DE VILLE
Bus 11-12-23, arrêt Hôtel-de-Ville
Tél. 02 40 48 23 87
Visite lors des Journées européennes du patrimoine avec l'association Nantes Renaissance

La rumeur nantaise attribue à cette élégante tourelle de la rue Fénelon l'honneur d'avoir accueilli le roi Henri IV, venu, en 1598, signer le fameux édit de Nantes. En fait, il semble plutôt que le Vert Galant ait résidé dans la « maison des Tourelles », aujourd'hui disparue, sise quai de la Fosse.

La façade principale de ce vaste hôtel particulier se trouve au n° 13 de la rue de Briord, qui se signale par un monumental porche à refends. Les origines de cette demeure seigneuriale remontent au XVe siècle : elle est alors propriété de Françoise de Dinan, dame de Châteaubriant, qui lui donne son nom. Descendante d'une des plus vieilles familles de la noblesse bretonne, elle est la gouvernante des filles du duc de Bretagne François II, Anne et Isabeau.

De l'époque médiévale ne subsiste qu'une partie du soubassement en granit. Jusqu'à l'aube du XVIIe siècle, l'hôtel consiste en un unique corps de logis édifié sur une parcelle s'étendant jusqu'à l'intersection des rues de Briord et Fénelon, tandis que ses jardins se poursuivent, sur l'arrière, jusqu'à la rue du Moulin. C'est à cette époque qu'il est reconstruit et désigné sous l'appellation d'« hôtel de la Papotière ». Il abrite deux occupants, l'un dans le bâtiment de la rue de Briord, l'autre dans la partie avec tourelle de la rue Fénelon – la construction de l'échauguette datant de la fin du XVIe siècle ou du début du XVIIe. L'aile sud, sur la cour de la rue de Briord, qui appartient alors à l'hôtel voisin du même nom, lui sera rattachée plus tard.

Au début du XVIIIe siècle, l'hôtel devient la propriété de la famille Bec-de-Lièvre, qui le remanie fortement. Pendant plus d'un siècle, y résident plusieurs hauts magistrats de la Chambre des comptes, avant qu'il ne perde sa fonction de résidence noble.

Il fait ensuite l'objet de nouveaux aménagements, notamment des ajouts, et ce jusqu'au XXe siècle. Acquis en 1897 par la Ville, l'hôtel de Châteaubriant abrite aujourd'hui plusieurs structures, entre autres l'école des Beaux-Arts, ainsi que les locaux de l'association pour la restauration et la sauvegarde du patrimoine Nantes Renaissance.

Au fil du temps et des propriétaires successifs, l'ensemble du bâti a subi de nombreuses modifications qui rendent difficile la lecture de son architecture. Il est intéressant de pénétrer dans la cour et les anciens jardins afin de s'en faire, par soi-même, une meilleure idée.

Saintes voûtes

Voûtes de l'ancienne
église Saint-Vincent
Restaurant Les Petits Saints
1, place Saint-Vincent
Quartier **CENTRE-VILLE** ◆ HÔTEL DE VILLE
Bus 11-12-23, arrêt Hôtel-de-Ville
Tél. 02 40 20 24 48
www.lespetitssaints.com

Ce beau plafond voûté d'ogives est celui du restaurant Les Petits Saints, sur la place Saint-Vincent, un nom qui conserve la mémoire de l'une des dix paroisses intra-muros de la cité médiévale. Au XVe siècle, la plus importante de la ville close est celle de Sainte-Croix, tandis que celle de Saint-Vincent, pourtant l'une des plus riches, est l'une des plus petites.

Selon le théologien Albert le Grand, l'origine de cette paroisse remonterait au début du Ve siècle, époque à laquelle Didier, évêque de Nantes, aurait rapporté d'Espagne une relique de saint Vincent. Curieusement, le vocable de Saint-Aubin semble être également donné à l'église paroissiale reconstruite en style gothique, et ce jusqu'à la fin du Moyen Âge.

Deux chapelles lui sont adjointes au cours des XVe et XVIe siècles. La première, dédiée à saint Adrien et à sainte Marthe, est commandée par Pierre Landais, trésorier et conseiller du duc de Bretagne François II. Ce haut personnage de la cour ducale réside dans son hôtel de Briord, sis dans la rue du même nom. Un siècle plus tard, le duc de Mercœur, gouverneur de la ville, occupe l'ancienne résidence noble de Briord et fait, à son tour, édifier une chapelle consacrée à Notre-Dame-des-Victoires, dite aussi « chapelle de Briord ».

L'église paroissiale est fortement remaniée à la fin du XVIIe siècle, puis désaffectée en 1791. Le club révolutionnaire des Capucins de la Fosse, ou club de Saint-Vincent, y siège jusqu'en 1793 avant d'investir l'église Sainte-Croix. Les bâtiments servent alors, tour à tour, de tribunal criminel et d'atelier de serrurerie avant d'être démolis à la toute fin du XIXe siècle. De l'ancienne église, il ne subsiste plus que les voûtes d'ogives de style angevin, vestiges du chœur et de l'abside.

Petite mairie devenue grande

Hôtel de Ville
2, rue de l'Hôtel-de-Ville (accueil au 29, rue de Strasbourg)
Quartier **CENTRE-VILLE** ◆ HÔTEL DE VILLE
Bus 11-12-23, arrêt Hôtel-de-Ville

L'Hôtel de Ville de Nantes se présente comme une mosaïque de bâtiments d'époques et de styles différents, qui se sont ajoutés les uns aux autres au cours du temps, en accompagnant le développement de la cité.

Jusqu'à la fin du XVIe siècle, les « assemblées municipales », héritières du Conseil des bourgeois, se tiennent successivement dans différents lieux de la ville close. Il faut attendre 1559 pour que le roi autorise l'établissement d'un véritable Conseil municipal avec mairie et échevins, nos actuels conseillers municipaux. L'élection du premier édile nantais, Geoffroy Drouet, ne sera toutefois effective que cinq ans plus tard. Et il faut encore attendre 1578 pour que la Ville acquière le petit manoir à tourelle dit de Derval (du nom de l'ancienne baronnie, voir p. 104), qui est alors une auberge connue sous le nom d'Hostellerie de la Belle Image.

Au début du XVIIe siècle, ce modeste logis gothique étant devenu trop exigu, on élève sur le devant la galerie à arcades qui constitue, aujourd'hui, la façade principale de la mairie ainsi qu'un bâtiment en retour sur le côté gauche.

Deux siècles plus tard, des améliorations notables vont à nouveau combler le manque d'espace : allongement de l'aile ouest dotée d'un escalier menant à la salle du Conseil, dégagement des abords et édification de l'aile est. La grille ouvragée qui a remplacé le portail en forme d'arc de triomphe date de 1962.

Au cours du XXe siècle est mené un vaste programme de restauration et d'extension : viennent s'y ajouter les hôtels de Monti et de Rosmadec, tous deux d'époque classique, ainsi qu'un ensemble d'édifices destinés à abriter les différents services administratifs, dont l'immeuble moderne de la rue de Strasbourg, abritant divers services administratifs et le hall d'accueil principal de la mairie.

L'Hôtel de Ville de Nantes est donc constitué d'un ensemble de bâtiments très divers, occupant un vaste espace compris entre les rues de l'Hôtel-de-Ville et Garde-Dieu et les rues Saint-Léonard et de Strasbourg. Toujours faute de place, toutefois, une partie des services municipaux est actuellement disséminée dans d'autres bâtiments nantais.

Un oiseau exotique dans la ville

Fresque du *Toucan à bec caréné*
Place Fanny-Peccot
Quartier **CENTRE-VILLE** ◆ HÔTEL DE VILLE
Bus 11-12-23, arrêt Hôtel-de-Ville

À deux pas de l'Hôtel de Ville, un bel oiseau exotique s'est posé sur un mur de la petite place Fanny-Peccot. Avant d'en arriver là, le *Toucan à bec caréné* d'Alain Thomas a longtemps niché dans un autre lieu de Nantes.

L'histoire commence en mai 1996, lorsqu'une imposante fresque est apposée sur un grand mur gris d'une placette située en bord de Loire, dans le prolongement du pont Général-Audibert. Sur plus de 100 m², l'artiste met en scène, dans un cadre paradisiaque évoquant la forêt amazonienne, un majestueux toucan. Non contente d'ensoleiller les lieux, l'œuvre a aussi pour ambition de sensibiliser le public au problème des espèces menacées.

Depuis plus de quarante ans, en effet, Alain Thomas s'intéresse aux animaux, en particulier au toucan que l'on retrouve dans plusieurs de ses œuvres. Il milite pour la sauvegarde des milieux naturels et la protection des espèces en voie de disparition. Par le contraste qu'elle offre dans son contexte purement urbain, cette peinture murale, que contemplent chaque jour des milliers d'automobilistes, usagers du tramway et passants, constitue donc un symbole fort.

Et voilà qu'en août 2005, la construction d'un immeuble va obliger le magnifique volatile à migrer. Malmené par les intempéries et la pollution, il doit d'abord se refaire une beauté avant de prendre ses quartiers actuels, place Fanny-Peccot, en juin de l'année suivante. Si le *Toucan à bec caréné* est moins visible qu'auparavant, il n'en continue pas moins de diffuser son message d'ouverture sur la nature… et sur l'art.

Molière et le jeu de paume

Plaque de l'ancien jeu de paume
19, rue Saint-Léonard
Quartier **CENTRE-VILLE** ◆ HÔTEL DE VILLE
Bus 11-12-23, arrêt Hôtel-de-Ville

Le jeu de paume est un jeu de balle qui s'est pratiqué à main nue ou gantée de cuir avant qu'on utilise une raquette. Dans la ville de Nantes, il existe, comme ailleurs au XVIIe siècle, de nombreuses salles, qui sont de longues galeries couvertes, où ce jeu fort prisé est à l'honneur. La paroisse Saint-Léonard ne compte pas moins de deux jeux de paume : l'un situé rue des Carmes et l'autre dans les douves des fortifications de la ville, au bas de la motte Saint-André.

Bien qu'il subsiste un doute sur celui des deux qui a eu l'honneur de voir Molière y jouer la comédie, une plaque de marbre commémorant l'événement a été scellée dans le mur en 1837, l'année suivant la destruction de la salle. Le temps passe sans que rien ne vienne attester formellement de la venue de Molière à Nantes.

Et puis, en 1960, une employée des Archives municipales découvre un acte de baptême établi à la paroisse Saint-Clément, daté du 11 juin 1648, et qui porte la signature de « J.B Molière » – pour Jean-Baptiste Poquelin, dit Molière –, l'un des témoins de l'événement ; il s'agit du baptême de l'enfant de comédiens appartenant à sa troupe.

Ce jeune bourgeois parisien, fils d'un tapissier du roi, a choisi, après ses études, de devenir comédien, ce qui représente, en ces temps de préjugés défavorables à l'encontre des gens de théâtre, un pari audacieux. Il fonde avec l'actrice Madeleine Béjart, entre autres, la troupe de l'Illustre-Théâtre qui va connaître quelques succès avant de faire naufrage. Criblé de dettes, Molière n'a d'autre choix que de rejoindre, avec quelques fidèles, la troupe de Dufresne. Douze ans durant, il va sillonner les routes de France, fécondes années d'apprentissage pour le Molière acteur, puis auteur, qui fera, entre autres, étape à Nantes…

Le premier Muséum de Nantes

École primaire Léon-Blum
5, rue Léon-Blum
Quartier **CENTRE-VILLE** ◆ HÔTEL DE VILLE
Tram 2, arrêt 50-Otages

Bien que comprimée entre deux immeubles, l'étroite façade de l'école primaire de la rue Léon-Blum conserve son charme désuet. L'établissement, inauguré en 1877, occupe le site de l'ancien Muséum d'histoire naturelle.

En 1799, François-René Dubuisson, un épicier-droguiste nantais passionné de sciences, ouvre rue Saint-Jean un cabinet d'histoire naturelle. Poussé par la curiosité, le public se presse pour y admirer des collections de géologie, de minéralogie et de botanique dont la Ville fait l'acquisition en 1810 pour les transférer rue Saint-Léonard – aujourd'hui Léon-Blum –, dans l'ancienne école de chirurgie de Saint-Côme. Ainsi, le premier Muséum d'histoire naturelle nantais est inauguré officiellement cette année-là, et Dubuisson en est le conservateur.

À sa mort, en 1836, Frédéric Cailliaud, son adjoint, lui succède à l'âge de 49 ans. Destiné à embrasser le métier de serrurier de son père, il avait préféré celui de bijoutier par goût pour la minéralogie. Parti pour Paris se former à l'art de l'orfèvrerie, il suit des cours au Muséum d'histoire naturelle. À partir de 1813, il parcourt l'Europe puis l'Afrique, où il s'intéresse notamment à l'étude de l'Égypte et de ses merveilles, et découvre, le 25 avril 1821, les ruines de Méroé, l'antique capitale de l'empire d'Éthiopie. De retour à Paris sous les honneurs, ce grand voyageur décide de regagner sa ville natale et de se consacrer à sa passion pour la conchyliologie (l'étude des coquillages). Frédéric Cailliaud occupera le poste de conservateur du Muséum pendant plus de trente ans et l'enrichira de nombreuses collections variées. Dans la foulée, il crée aussi le département des Sciences naturelles. Sur la fin de sa vie, dans une lettre datée de 1866, il demande à la mairie de Nantes un nouveau bâtiment pour abriter les trésors qu'il souhaite lui léguer, rappelant que cela fait plus de vingt ans qu'il signale les problèmes que posent les locaux de la rue Saint-Léonard, exigus et humides (ils sont alors situés à proximité de l'Erdre qui coule à l'emplacement de l'actuel cours des 50-Otages). Il ajoute que si la Ville continue à ne rien faire, il se verra contraint de vendre ses collections à Paris.

Avant de s'éteindre en 1869, Frédéric Cailliaud connaîtra finalement la joie de superviser le début des travaux d'un nouveau Muséum d'histoire naturelle édifié place de la Monnaie. Inauguré en 1875, il est adossé alors à l'École des Sciences, ancien hôtel de la Monnaie, située dans le quartier Graslin. Cent ans après, on y annexe la partie de l'ancienne Monnaie et le muséum est réaménagé pour occuper l'ensemble des deux bâtiments. L'entrée principale se situe désormais rue Voltaire (voir p. 8).

Un penchant pour l'originalité

Immeuble d'angle
4, place du Port-Communeau
Quartier **CENTRE-VILLE** ◆ HÔTEL DE VILLE
Tram 2, arrêt 50-Otages

Pise a sa tour ; Nantes, ses immeubles penchés. Que ce soit sur l'île Feydeau, sur le quai de la Fosse ou encore ici, place du Port-Communeau, tous ont un petit air de guingois. L'immeuble du n° 4 de la place du Port-Communeau emporte sans conteste la palme.

S'élevant sur trois étages, le bâtiment a été construit en 1763-1764 par le géomètre Cacault, qui réalisa le premier plan de la ville vraiment précis. En ce temps-là, le site du Port-Communeau était encore bordé par L'Erdre qui coulait à l'emplacement actuel du cours des 50-Otages. C'était une zone boueuse desservie par la route de Rennes. Nantes commençait à se libérer de ses murailles, et un projet d'urbanisme ambitieux prévoyait de faire de ce lieu la première place ordonnancée de la ville. L'inclinaison de cet immeuble s'explique par le fait qu'il repose d'un côté sur un sol sableux et, de l'autre, sur l'ancien mur d'enceinte de la ville. Dès sa construction, le bâtiment se tasse et penche malgré les essais infructueux des ouvriers pour le redresser. Il ne se stabilisera qu'une trentaine d'années après le commencement du chantier.

En 1996, pour des raisons de sécurité, il fait l'objet d'un arrêté de péril de la part de la mairie qui fait évacuer ses locataires, ainsi que la pharmacie du rez-de-chaussée. Faute d'entretien, il est alors dans un piteux état et menace de s'écrouler. Sa restauration est décidée mais huit années s'écoulent avant qu'elle ne débute. L'immeuble continue donc de se dégrader jusqu'en 2004.

La base de l'édifice est appareillée en granit comme à l'origine mais en élévation, on a remplacé une grande majorité des blocs de tuffeau. À l'intérieur, une dalle de béton coulée sur planchers a permis de stabiliser définitivement l'immeuble. Les nouveaux sols sont enfin horizontaux. Néanmoins, l'immeuble conserve son originalité et son air penché.

La souffrance a plusieurs visages

Bas-reliefs de la chapelle de l'Hôtel-Dieu
CHU Hôtel-Dieu
Place Alexis-Ricordeau
Quartier **CENTRE-VILLE** ◆ MADELEINE
Tram 2-3, arrêt Hôtel-Dieu

L'histoire du CHU Hôtel-Dieu, situé en plein centre de Nantes, est à l'image de celle de la ville, une suite incessante d'évolutions et de reconstructions.

Au début du XVIe siècle, le premier Hôtel-Dieu est situé sur la rive gauche de l'Erdre, dans l'actuelle rue du Vieil-Hôpital. Un siècle plus tard, pour améliorer son confort et sa capacité d'accueil, l'Hôtel-Dieu est transféré sur la prairie de la Madeleine de l'île Gloriette, une zone humide entre deux bras de la Loire, qui, à l'époque, rend l'endroit insalubre. Au début du XIXe siècle, l'hygiène est une préoccupation grandissante et, en 1856, on entreprend donc à la place du bâtiment très délabré la construction d'un magnifique hôpital signé par l'architecte Joseph-Fleury Chenantais. Malheureusement, il sera presque entièrement détruit par les bombardements américains du 16 septembre 1943. Après-guerre, Michel Roux-Spitz dessine le plan en croix d'un édifice monumental et moderne s'alignant sur la Loire. Décédé en 1957, Roux-Spitz ne voit pas l'achèvement de son œuvre et c'est son fils, Jean, assisté des architectes nantais Philippe Joëssel et Yves Liberge, qui prend le relais. En 1964, le nouvel hôpital à l'architecture simple, en béton et à ossature métallique, peut accueillir ses premiers malades.

Au fil des ans, des ajouts de constructions disparates ont brouillé l'harmonie de la composition architecturale d'origine. Cependant, les bas-reliefs de la façade symétrique de la chapelle de l'Hôtel-Dieu, ouvrant sur la rue, sont un bel hommage à une médecine en constant progrès. Ordonnés autour d'une croix, ils racontent les souffrances humaines soulagées par la médecine du corps et de l'âme. Ils portent la signature « R. Delamarre 1963 », celle du sculpteur néo-classique Raymond Delamarre, issu des Beaux-Arts de Paris et premier Grand Prix de Rome en 1919. La carrière de cet artiste important de l'art officiel est jalonnée de nombreuses commandes publiques et privées. Son œuvre, très abondante, est souvent monumentale, comme en témoigne le groupe des bas-reliefs, *Les aveugles voient*, de la chapelle de l'Hôtel-Dieu.

Les attelages de la Poule Noire

Anciennes écuries de la Compagnie générale des omnibus nantais
Cour de la Poule Noire
18, rue des Olivettes
Quartier **CENTRE-VILLE** ◆ MADELEINE
Tram 2-3, arrêt Hôtel-Dieu

En pénétrant dans la cour pavée de la Poule Noire, le visiteur éclairé reconnaîtra d'anciennes écuries transformées en garages. En effet, c'est là que, en 1857, la Compagnie générale des omnibus nantais, née de la fusion de plusieurs entreprises, installe chevaux et voitures. Car, bien avant d'être la première ville de France à se doter d'un tramway en 1879, Nantes fut pionnière en Europe en matière de service d'omnibus.

En août 1826, Stanislas Baudry, un industriel nantais, met en place un moyen simple et rapide pour acheminer sa clientèle vers son établissement de bains publics situé dans la zone excentrée de Richebourg : il imagine une voiture à deux banquettes tirée par des chevaux et pouvant accueillir 16 personnes au maximum. C'est le succès immédiat et, rapidement, les Nantais venus traiter des affaires dans ce faubourg industriel utilisent en masse cette voiture. Encouragé par cette réussite, Baudry part pour Paris où il crée, en avril 1828, les deux premières lignes de l'Entreprise générale des omnibus de Paris – dont est issue l'actuelle RATP. Il affronte notamment la concurrence d'un autre Nantais, Edme Fouquet, qui, lui, met en service, à Paris, la Compagnie des dames blanches, une flotte de véhicules de taille plus modeste, mais plus élégants.

Le succès est de courte durée pour les deux hommes car, suite à un hiver rigoureux, leurs compagnies sont au bord de la faillite. Baudry se suicide de désespoir en 1830 et Fouquet retourne à Nantes où il installe ses écuries dans le quartier de la chaussée de la Madeleine. Celles-ci brûlent en 1835 et, afin d'éviter la banqueroute, il n'a pas d'autre choix que de s'associer. Vingt-deux ans plus tard, la Compagnie générale des omnibus nantais est créée et connaîtra une activité prospère jusqu'à l'arrivée du tramway.

La sculpture sur le gâteau

Porte du sculpteur Perraud
23, rue Fouré
Quartier **CENTRE-VILLE** ◆ MADELEINE
Tram 2-3, arrêt Aimé-Delrue

Au-dessus de la porte d'entrée de cet immeuble, le visiteur peut lire l'inscription « F. Perraud sculpteur ». Né à Nantes au milieu du XIXe siècle, l'artiste y revient après des études à Paris et installe son atelier rue Fouré. Nantes lui doit de nombreuses réalisations dont la plus prestigieuse est probablement la sculpture de *La Renommée* qui orne la tour de l'annexe Ferdinand-Favre de l'ancienne usine LU, édifiée en 1909 d'après les plans de l'architecte Auguste Bluyssen.

LU naît en 1846 d'une histoire d'amour et de gourmandise entre Jean-Romain Lefèvre et sa femme, Pauline-Isabelle Utile. Précurseurs dans le domaine de la « réclame », l'ancêtre de la publicité, ils imaginent l'image de la Renommée, divinité ailée embouchant une trompette, qui se retrouvera sur toutes leurs boîtes de biscuits jusqu'en 1943.

C'est leur fils Louis qui, leur succédant à la tête de la Maison familiale, dépose officiellement, en 1895, la forme de la Renommée, dessinée par Eugène Quinton, et fait de la biscuiterie artisanale une grande industrie dont il ne reste aujourd'hui que l'annexe Ferdinand-Favre surmontée de la tour décorée de *La Renommée* du sculpteur Perraud.

Entre Italie et océan

Maison de style pompéien
20, rue Charles-Monselet
Quartier **CENTRE-VILLE** ◆ MONSELET
Bus 22-51-54, arrêt Sarradin

On trouve dans le bourgeois quartier Monselet de belles demeures typiques des divers styles en vogue à la fin du XIXe et au début du XXe siècle.

Ainsi, à deux pas de la place Émile-Sarradin, au no 20 de la rue Charles-Monselet, un peu en retrait de la voie, la maison dite « pompéienne ». L'architecture de cette construction en calcaire et granit, élevée en 1893 par l'architecte Leray, n'est pas sans rappeler le modèle de la villa à l'italienne.

Élevé sur un étage, le bâtiment se caractérise par une façade dissymétrique ; il comporte une tour-belvédère et un pavillon, d'ordre toscan, version simplifiée de l'ordre dorique grec.

Le décor des panneaux de faïence, représentant des dauphins très stylisés et des coquilles Saint-Jacques, donne à la maison un agréable cachet balnéaire.

Quand Louis XVI regarde vers la Vendée

Statue de Louis XVI
Place du Maréchal-Foch
Quartier **CENTRE-VILLE** ◆ PRÉFECTURE
Bus 11-12-21-23 et busway 4, arrêt Foch-Cathédrale

Pourquoi les Nantais appellent-ils généralement « place Louis-XVI » la place du Maréchal-Foch ? À cause de la statue du souverain qui surmonte la colonne élevée en son centre. Ce singulier monument résulte, semble-t-il, de la volonté des édiles nantais de célébrer la mémoire du roi sous le règne duquel la ville avait connu un exceptionnel embellissement.

La première pierre de l'édifice est posée dès 1790. Il est prévu que le sculpteur Lamarie réalise, en bronze, une statue du roi vêtu à l'antique. Après la regrettable fuite du monarque et son arrestation à Varennes, il n'est plus question d'une colonne à la gloire de Louis XVI… mais dédiée à la Liberté. La Révolution gronde, et mieux vaut ne pas afficher de positions royalistes. De toute façon, le projet est suspendu faute de moyens, et le statuaire demande l'annulation du marché.

En 1808, lors de la visite de Napoléon à Nantes, on envisage de consacrer une statue à l'Empereur. Sous la Restauration, la première idée s'impose à nouveau, mais le retour avorté de l'Aigle retarde le projet, qui ne verra le jour qu'en 1823. Après bien des péripéties, le sculpteur Molknecht exécute la statue de Louis XVI « le Martyr » et non plus « le Bienfaisant ».

Le 5 août, celle-ci est placée au sommet de la colonne, recouverte d'un voile. La foule agglutinée se demande dans quelle direction elle est tournée… L'anecdote veut qu'un paysan vendéen ait émis la volonté de voir le roi regarder vers sa région, qui s'est tant battue pour lui. Son vœu a été exaucé et, du haut de ses 28 mètres, Louis XVI regarde bien la Vendée.

Cent ans plus tard, la statue, réalisée en mauvaise pierre et qui a souffert des intempéries, s'effrite au point de constituer un danger pour les passants. En 1926, la municipalité prend la décision de la refaire à l'identique.

Pour l'art et l'honneur

Hôtel d'Aux
5, place du Maréchal-Foch
Quartier **CENTRE-VILLE** ◆ PRÉFECTURE
Bus 11-12-21-23 et busway 4, arrêt Foch-Cathédrale

Certains hommes travaillent non pour l'argent, mais pour l'amour de l'art et leur sens de l'honneur. Jean-Baptiste Ceineray, né à Paris en 1722, est l'un d'eux.

En 1760, il succède à Nicolas Portail dans la fonction d'architecte-voyer de la Ville de Nantes. Au cours du XVIIIe siècle, cette dernière voit sa population doubler et s'étend désormais bien au-delà de murailles où elle se sent à l'étroit. Ceineray va la débarrasser de son corset de pierre et ébaucher les grandes lignes de son embellissement.

Il aménage, entre autres réalisations, les deux cours des États – actuels cours Saint-Pierre et Saint-André –, sur d'anciennes mottes transformées en agréables promenades bordées d'immeubles majestueux. Entre les deux esplanades, il dessine une place où il édifie, en 1771, le remarquable hôtel d'Aux, du nom de son propriétaire. Ce dernier se montre surpris par le montant des honoraires que lui réclame l'architecte pour la réalisation d'une telle œuvre... la somme est ridiculement peu élevée ! Le marquis d'Aux insiste auprès de Ceineray pour qu'il revoie sa note, mais c'est sans compter sur l'obstination d'un homme simple et honnête, qui maintient son prix.

En 1780, affaibli par la maladie, Ceineray est contraint de céder sa place à Mathurin Crucy. Oublié de tous, et réduit au plus total dénuement, il rend le dernier soupir dans un immeuble de la rue de la Fosse en 1811.

Nantes doit beaucoup à ce grand architecte et urbaniste qui a initié l'ordonnancement de ses façades et l'a parée de somptueuses demeures telles que l'hôtel d'Aux. L'harmonieux édifice, de style néo-classique, abrite aujourd'hui le 11e Corps d'armée, qui a gravé ses armes à son fronton.

Une rue sur deux niveaux

Rue Ogée
Quartier **CENTRE-VILLE** ✦ PRÉFECTURE
Bus 11-12-21-23 et busway 4, arrêt Foch-Cathédrale

Entre la rue du Roi-Albert et la place Dumoustier, la petite rue Ogée offre un aspect des plus insolites : ses deux voies inégales se trouvent à des niveaux différents. S'ajoute à cette singularité le charme de son pavement, qu'elle a su conserver.

L'alignement et la disposition actuelles de la voie remontent à 1871 et l'histoire de celle-ci est pleine de rebondissements.

La rue a porté plusieurs noms avant de prendre sa dénomination actuelle. Elle s'est d'abord appelée rue du Cloître-Notre-Dame, rue Solon, puis rue Lanoue. C'est en 1837 qu'elle reçoit le nom d'Ogée, en l'honneur, semble-t-il, de Jean-Baptiste Ogée, ingénieur-géographe des États de Bretagne du XVIIIe siècle.

En 1869, il est question de ramener toute la voie à la cote de nivellement de la place Saint-Pierre, beaucoup plus basse. Après mûre réflexion, et pour raisons d'économie, on décide de créer deux voies mitoyennes, larges de 5 mètres chacune, l'une destinée aux piétons et l'autre aux voitures. Certains riverains, toutefois, contestent les modifications envisagées. L'un d'eux, un architecte, fait valoir que cela se révélera impraticable pour les voitures, notamment les charrettes transportant du fourrage ayant une longue portée. Du côté nord, en effet, la voie n'est pas carrossable du fait de l'emmarchement des maisons. Finalement, la rue Ogée présentera bien deux voies juxtaposées, mais inégales : l'une, large de 4 mètres et au niveau d'origine, vers le nord ; l'autre, large de 5 mètres et à 1,5 mètre en contrebas, vers le sud. Afin de prévenir tout accident, un garde-corps a même été posé le long du « précipice »…

Entre les murs...

Vestiges du couvent des cordeliers
Rue des Cordeliers
Quartier **CENTRE-VILLE** ◆ PRÉFECTURE
Bus 11-12-21-23 et busway 4, arrêt Foch-Cathédrale

Dans les murs de l'ancien couvent des cordeliers, communauté implantée à Nantes dans la première moitié du XIIIe siècle, est écrite une page importante de l'histoire locale.

Lors de leur arrivée dans la future capitale du duché de Bretagne, les religieux s'installent dans une modeste chapelle dédiée, semble-t-il, à saint Michel, adossée à la muraille gallo-romaine. L'église est agrandie au XIVe siècle, mais ce n'est qu'à partir du XVe siècle que les cordeliers construisent là leurs vastes bâtiments conventuels, auxquels on accède par la rue Saint-Jean.

Les États généraux s'y réunissent à maintes reprises. Au cours du XVIIe siècle, le couvent est aussi le lieu d'accueil de nombreuses corporations et confréries : barbiers, chapeliers, cordiers, fripiers, etc. De hauts personnages y sont inhumés, tels les membres de la famille de Rieux qui y possède son enfeu.

La Révolution disperse les religieux, et les bâtiments sont transformés en fonderie par la famille Voruz. Le percement de la rue des Cordeliers, qui prend ce nom en 1901, entraîne la séparation de l'église en deux îlots. En 1924, celle-ci est presque entièrement détruite lors de l'installation d'une école sur le site.

Aujourd'hui ne subsistent, du vaste couvent des cordeliers organisé autour du cloître (actuelle cour de récréation), que des vestiges de l'église, visibles depuis la rue des Cordeliers. Le pignon sud de l'immeuble du n° 10, rue Saint-Jean est un fragment de l'église du XVe siècle, objet d'une restauration récente. On distingue, sur la muraille nord, les traces des piliers de la grande nef. Celle-ci se trouvait accollée au cloître et était en relation avec la petite nef située au sud, aujourd'hui rue des Cordeliers. Les trois chapelles accolées à la nef sud existent encore, contenues dans l'enceinte du bâtiment voisin, l'hôtel de Saint-Aignan.

L'avaleur de rivière

Tunnel Saint-Félix
Quartier **CENTRE-VILLE** ◆ PRÉFECTURE
Tram 2 et Navibus Erdre, arrêt Saint-Mihiel

Il est possible, pour le prix d'un ticket de bus, de s'offrir une petite croisière en Navibus et de parcourir les 700 et quelques mètres du tunnel Saint-Félix. C'est au Pont-Morand, anciennement Port-Communeau, que s'engouffre l'Erdre pour déboucher dans le canal Saint-Félix et se jeter dans la Loire.

Dans les années 1920, le comblement de la Loire et de l'Erdre est décidé par la municipalité : l'envasement du fleuve, l'insalubrité de la rivière, les fréquentes inondations et l'essor prévisible de l'automobile justifient la disparition des deux cours d'eau en ville. Avant de détourner le lit de la rivière, on entreprend l'ouverture d'un canal souterrain sous les cours Saint-André et Saint-Pierre. Les travaux débutent à la fin de l'année 1929 pour s'achever en 1934, date de la mise en eau. La construction du tunnel est financée par les dédommagements de guerre dus par l'Allemagne. L'ingénieur Karl Hotz, qui reviendra à Nantes sous l'uniforme d'officier de l'armée d'occupation (voir p. 72), participe au chantier de 1930 à 1933. Le comblement du cours de l'Erdre, actuel cours des 50-Otages, est décrété en 1937 et son remblaiement a lieu au début de l'année suivante. Lorsque la guerre éclate, les cinq ponts qui enjambent la rivière sont détruits. Les travaux continuent grâce à l'emploi de chômeurs, mais les bombardements de 1943 les interrompent. Ils reprennent en 1944 pour s'achever deux ans plus tard. La petite balade sous le tunnel Saint-Félix, qui avale l'Erdre, est bien sympathique même si l'on a toujours le droit de regretter le charme de l'ancienne ville d'eau.

Ils étaient 48

Monument des 50-Otages
Pont-Morand
Quartier **CENTRE-VILLE** ◆ PRÉFECTURE
Tram 2, arrêt 50-Otages

Karl Hotz est un Allemand bien connu des Nantais pour avoir travaillé à leurs côtés en tant qu'ingénieur civil lors des comblements de l'Erdre quelques années avant la guerre. Lorsqu'il revient à Nantes sous l'uniforme de l'occupant, sa connaissance de la ville le désigne pour diriger la Feldkommandantur. Le 20 octobre 1941, à 7h30 précises, l'officier emprunte la rue du Roi-Albert comme à son habitude pour se rendre à la Kommandantur située à quelques pas. Sa ponctualité le mène à sa perte et il tombe sous les balles de jeunes résistants communistes qui l'ont choisi, espérant provoquer l'éveil d'un courant national de résistance. La répression allemande ne se fait pas attendre : 100 otages doivent payer cet attentat de leur vie. La sanction sera diminuée de moitié. Ce sont des hommes de tous horizons et de tous âges qui sont arrêtés et condamnés à être fusillés. Le 22 octobre, les malheureux sont exécutés en trois lieux différents : 16 à Nantes, 27 à Châteaubriant, 5 au mont Valérien. Ainsi, 48 victimes sont-elles sacrifiées à la fureur hitlérienne. Ces odieuses représailles atterrent le peuple français, mais renforcent la Résistance. Dix ans plus tard, sur l'actuelle place du Pont-Morand, est élevé le monument dit « des 50-Otages » en souvenir du martyre nantais. Sur l'édifice, dressé vers le ciel, symbole d'espoir et de paix, on ne peut lire le nom que de 48 fusillés et non de 50…

Un armateur à l'hôtel des Zéphyrs

Maison Trochon
17, quai de la Fosse
Quartier **CENTRE-VILLE** ◆ QUAI DE LA FOSSE
Tram 1, arrêt Médiathèque

Au XVIIIe siècle, le cœur de Nantes bat quai de la Fosse. C'est là que les navires en provenance d'horizons lointains viennent s'amarrer.

Si, au cours de ce siècle, Nantes est le deuxième port marchand du royaume, il en sera aussi le premier port négrier, et ce jusqu'en 1848, date de l'abolition de l'esclavage. Les bateaux quittent Nantes chargés de produits manufacturés qui sont troqués contre des esclaves que l'on embarque sur les côtes africaines. Les Noirs sont à leur tour vendus aux Antilles ou en Amérique d'où l'on rapporte sucre, café, cacao… autant de denrées précieuses inexistantes en métropole. Ces échanges forment ce que l'on appelle le « commerce triangulaire ». Toutefois, la traite étant une aventure coûteuse et risquée, on privilégie le commerce « en droiture », principalement avec les Antilles.

Les entrepôts regorgent donc de marchandises venues de l'étranger. Les armateurs et négociants, qui tiennent le haut du pavé dans la cité commerçante, se font bâtir de belles demeures – symboles de leur réussite. Le quai de la Fosse, alors généreusement planté d'arbres et qui offre un panorama unique sur la Loire couverte de bateaux, est aussi l'une des promenades favorites des Nantais.

Les travaux de comblement de la Loire et de l'Erdre réalisés dans les années 1920-1940 ont profondément modifié le visage de la ville, effaçant de nombreuses marques de son passé maritime. Seuls les immeubles édifiés pour une élite puissante témoignent encore du faste du XVIIIe siècle ; la demeure du sieur Trochon, armateur nantais, en est un bel exemple.

Bien que la taille excessive des ornements et la disproportion des corps sculptés ne soient pas des plus heureuses, la fantaisie du décor et l'exubérance des balcons confèrent à l'ensemble un cachet certain. C'est aux Amours à ailes de papillon placés sous le balcon du premier étage que l'immeuble doit son nom familier d'« hôtel des Zéphyrs ». Au rez-de-chaussée, on trouvera des symboles de la navigation qui invitent au voyage : globe, compas, rapporteur… Des mascarons à l'effigie de monstres, dieux et allégories divers complètent la composition.

La façade de l'immeuble Trochon est, sans conteste, la plus richement ornée de l'ensemble urbain nantais du XVIIIe siècle : la détailler donne une bonne idée de la diversité de l'art décoratif au temps des Lumières.

Saga négociante

Immeuble Montaudouin
1, rue Montaudouine (angle du 56, quai de la Fosse)
Quartier **CENTRE-VILLE** ◆ QUAI DE LA FOSSE
Tram 1, arrêt Chantiers-Navals

L'origine des noms de voie tient, parfois, à peu de chose. Il ne faut donc pas chercher bien loin celle de la rue Montaudouine : les Montaudouin étaient une importante famille de négociants-armateurs nantais qui compta plusieurs branches.

Le premier du nom, Jean, débarque à Nantes au début du XVIIe siècle, et se marie en 1616 en l'église Saint-Nicolas. Plus tard, l'écuyer Jean Gabriel Montaudouin de la Touche, baptisé en 1722 toujours à Saint-Nicolas, semble se situer à la cinquième génération de cette foisonnante dynastie. S'il ne faillit pas à la tradition des siens en embrassant le métier de négociant, il n'en est pas moins économiste et homme de lettres, entretenant des relations avec Voltaire, qu'il tient en grande estime. Au point de demander au philosophe la permission de baptiser de son nom l'un de ses navires.

Comme nombre de grands armateurs de son temps, Jean Gabriel réside dans une élégante demeure du quai de la Fosse, d'où l'on jouit d'une vue imprenable sur le port. La petite rue Montaudouine va prendre ce nom après son décès survenu en 1786 ; le n° 1 de la voie correspond au pignon du bel immeuble Montaudouin. Celui-ci comporte un cartouche sculpté des lettres « LF », initiales, semble-t-il, de la compagnie Loire Fluviale, et non plus les armes des Montaudouin. Mais seuls le décor de draperies et les petites têtes d'ange sont d'origine.

La « fosse aux plaisirs »

Ancienne maison close
1, rue d'Ancin
Quartier **CENTRE-VILLE** • QUAI DE LA FOSSE
Tram 1, arrêt Médiathèque

Au temps où le port de Nantes est florissant, les ruelles qui avoisinent le quai de la Fosse abritent des maisons qui accueillent… à bras ouverts les marins, et autres hommes, en quête de réconfort. La rue d'Ancin, étroit goulet à l'abri des regards, est l'un de ces lieux « chauds » qui ont fait la réputation du quai longtemps dénommé « quai de la fesse » ou « fosse aux plaisirs ».

Au XIXe siècle, à Nantes comme ailleurs, la municipalité, qui entend contrôler ce commerce, prend les dispositions nécessaires. Les femmes de petite vertu n'ont pas le droit de racoler le jour sur la voie publique, afin de ne pas heurter la sensibilité des honnêtes gens, et doivent se soumettre, tous les quinze jours, à une visite médicale afin de dépister les maladies vénériennes, notamment la syphilis. Les maisons dispensant des plaisirs tarifiés ont pour obligation d'être closes sur l'extérieur et de se distinguer des autres immeubles par une lanterne rouge et un numéro tracé en chiffres noirs d'au moins 25 cm de haut.

Dans la première moitié du XXe siècle, on ne dénombre déjà plus que treize de ces maisons dans le quartier réservé de la Fosse, concentrées dans trois venelles sordides, dont la rue d'Ancin. Au n° 1 de celle-ci, l'ancienne maison close appelée *Le Vert Galant* puis *Le Soleil* n'affiche plus sa lanterne rouge ni son gros numéro. Aujourd'hui, une mosaïque rouge et une façade négligée en constituent les dernières traces. Les « maisons » seront définitivement closes en 1946 avec l'adoption de la loi initiée par Marthe Richard.

Le vaisseau penché du capitaine

Hôtel Durbé
86, quai de la Fosse
Quartier **CENTRE-VILLE** ◆ QUAI DE LA FOSSE
Tram 1, arrêt Chantiers-Navals

Le splendide vaisseau de pierre sis au 86, quai de la Fosse doit son étonnant air penché au fait d'avoir été élevé, en 1756, sur un sol meuble. On attribue sa construction, pour le compte d'un certain capitaine de navire Durbé, à l'architecte Pierre Rousseau.

C'est à tort que le bel édifice est fréquemment désigné comme « hôtel de la compagnie des Indes ». En fait, il a été bâti sur un domaine qui abritait les entrepôts de la fameuse Compagnie et où coulait la Chézine, pas encore canalisée et qui venait là se jeter dans la Loire.

C'est sous l'impulsion de Colbert que naît, en 1664, la Compagnie française des Indes orientales. Cette création s'inscrit dans le contexte commercial et colonialiste de l'époque, où les grandes nations européennes se livrent, sur terre comme sur mer, une concurrence effrénée.

Par lettre, le ministre des Finances de Louis XIV invite les négociants nantais à investir dans la compagnie. Même si plusieurs d'entre eux prennent des actions, l'accueil général reste tiède. Rapidement, cependant, le port de Nantes devient le principal centre de ventes de marchandises. Pourtant, les échanges avec la compagnie, rebaptisée « des Indes » en 1719, ne sont pas toujours des plus cordiaux.

En 1733, Lorient est préférée à Nantes comme siège des ventes de la compagnie. Construite à la fin du XVIe siècle, la citadelle de Port-Louis bénéficie d'une position stratégique exceptionnelle et le site est jugé à même d'assurer la défense de la rade. L'exiguïté de Port-Louis entraîne l'installation du chantier naval dans une zone de friche située en amont, qui deviendra la ville de Lorient. L'origine de son nom viendrait d'ailleurs du premier bateau qui y aurait été construit pour ladite Compagnie, baptisé *Soleil d'Orient*.

Ce « changement de cap » sera une perte considérable pour les Nantais qui tempêtent… en vain.

Un symbole de fer

Vestiges du pont Transbordeur
À proximité du pont Anne-de-Bretagne
Quartier **CENTRE-VILLE** ◆ QUAI DE LA FOSSE
Tram 1, arrêt Chantiers-Navals

Bien qu'aujourd'hui effacée du paysage de la ville, la fine silhouette de fer du « Transbordeur », symbole du port nantais dans la première moitié du XXe siècle, hante encore nombre de mémoires.

Un décret de 1898 déclare d'utilité publique l'établissement d'un pont transbordeur afin de faciliter la traversée de la Loire entre le quai de la Fosse et la Prairie-au-Duc – cœur de l'activité des chantiers navals. Le projet est confié à un collaborateur de Gustave Eiffel, Ferdinand Arnodin. Il construit un ouvrage constitué de deux pylônes hauts de 76 mètres supportant un tablier métallique culminant à 50 mètres au-dessus du fleuve. Une nacelle suspendue au tablier par des câbles assure le passage d'une rive à l'autre. La plateforme comporte une voie charretière avec trottoirs et deux abris – de première et seconde classes – pour les piétons.

Lors de la mise en service du Transbordeur, en octobre 1903, la foule se presse pour effectuer la traversée, moyennant quelques centimes. Les plus courageux en escaladent les 229 marches afin de jouir du panorama.

En un grand demi-siècle d'existence, le pont Transbordeur a été le théâtre de nombreux événements. Le plus marquant est sans doute le plongeon, du haut de l'ouvrage, de Willy Wolf, ouvrier d'origine polonaise et acrobate à ses heures. Le saut de l'ange qu'il effectua en ce 31 mai 1925 lui fut fatal et marqua durablement l'imaginaire local.

Puis, faute d'entretien, le Transbordeur est peu à peu rongé par la rouille et donne des signes de faiblesse… En 1958, malgré les nombreuses pétitions des Nantais qui ne se résignent pas à sa disparition, il est livré aux ferrailleurs.

À proximité du pont Anne-de-Bretagne, les vestiges de ses piles d'ancrage rappellent l'existence de ce chef-d'œuvre d'architecture métallique.

Un prestigieux musée flottant

Le *Maillé-Brézé*
Quai de la Fosse
Quartier **CENTRE-VILLE** ◆ QUAI DE LA FOSSE
Tram 1, arrêt Chantiers-Navals
Tél. 09 79 18 33 51
Horaires de visite détaillés sur le site www.maillebreze.com

Lorsque l'escorteur *Maillé-Brézé* fait son entrée dans le port de Nantes, le 8 juin 1988, celui-ci n'abrite plus aucun bateau… Il y a déjà un an que le dernier grand navire construit sur le site de la Prairie-au-Duc, le *Bougainville*, est parti. Dans ce port déserté depuis la fermeture des Chantiers navals, en 1987, le *Maillé-Brézé* s'amarre tranquillement au quai de la Fosse et jette l'ancre.

En 1984, quelques passionnés, soucieux de maintenir, voire de restaurer, la tradition navale nantaise, ont créé l'association « Nantes Marine Tradition ». Ils se proposent de faire venir à Nantes ce bâtiment désarmé pour le convertir en musée naval flottant.

Cet escorteur d'escadre a été construit dans les années 1950 à Lorient. Septième d'une série de dix-huit, dont trois ont vu le jour à Nantes, il porte le nom prestigieux d'Armand de Maillé, marquis de Brézé, neveu de Richelieu et Grand Amiral de France (1618-1646). Après une décennie d'intense activité de surveillance en Méditerranée, il est refondu en bâtiment de lutte sous-marine en Atlantique. Très rapide, il pouvait atteindre la vitesse de 33 nœuds, soit 60 km/heure.

L'association « Nantes Marine Tradition » a dû batailler ferme avec la Marine nationale pour mener à bien ce projet, qui constituait une première en France. Mais depuis vingt ans déjà, l'ancien navire de guerre, classé Monument historique en 1993, remplit son rôle et fait désormais partie intégrante du paysage de la ville.

Un dôme-phare

Église Notre-Dame-de-Bon-Port
Place du Sanitat
Quartier **CENTRE-VILLE** ◆ QUAI DE LA FOSSE
Tram 1, arrêt Chantiers-Navals

Avec le temps, le vocable de « Notre-Dame-de-Bon-Port » a fait oublier aux Nantais celui de Saint-Louis, sous lequel était placée, à l'origine, la chapelle de l'ancien hôpital du Sanitat. Cette appellation serait également celle de la confrérie des portefaix, ancien terme désignant les dockers, créée au début du XVIIIe siècle à la Fosse.

Dans la seconde moitié du XIXe, la reconstruction de l'église est décidée, sur l'emplacement de l'ancien Sanitat détruit. Il s'agit d'édifier, pour la population croissante de ce quartier en plein développement, un sanctuaire à l'architecture élaborée.

Les deux architectes pressentis, Chenantais et Seheult, élaborent le projet d'un édifice en forme de croix grecque surmonté d'un dôme central. De forme ovoïde, ce dernier est, comme celui de Saint-Pierre de Rome, élevé sur un tambour percé de baies en plein cintre encadrées de pilastres et orné de personnages de l'Ancien et du Nouveau Testament. Les architectes nantais se sont inspirés d'un modèle prestigieux : le dôme de l'église Saint-Louis des Invalides, œuvre de Jules Hardouin-Mansart.

Rapidement, l'argent fait défaut et les travaux sont interrompus. Chenantais cherche des solutions techniques per-

mettant de réduire les coûts. Pour le dôme, par exemple, il remplace par une charpente métallique celle en bois initialement prévue, un choix très moderne pour l'époque et qui permet d'accentuer encore l'élancement de l'ouvrage. Sa fléchette, surmontée d'un archange doré et d'une croix, culmine à 60 mètres de hauteur.

Sur le fronton, une monumentale composition sculptée d'Amédée Ménard représente Notre-Dame de Bon Port tenant l'Enfant Jésus, entourée d'anges et de marins. Ceux-ci, en apercevant le dôme surmontant les quais, se savaient, enfin, parvenus à bon port.

Un fleuron nantais

Fontaine
Place Royale
Quartier **CENTRE-VILLE** ◆ SAINT-NICOLAS
Tram 1-2-3, arrêt Commerce

«*L'Église a des prières pour bénir les statues des saints, point pour bénir les seins des statues*», phrase ô combien spirituelle que l'on prête à l'abbé Fournier, curé de Saint-Nicolas, lors de l'inauguration de la fontaine de la place Royale en 1865, dont certaines statues, il est vrai, ne cachent rien de leurs charmes.

De nos jours, les passants qui viennent se détendre aux abords de la fontaine se contentent d'admirer ce fleuron nantais dédié à la Loire qui ouvre Nantes sur l'océan sans s'émouvoir de la nudité des statues. L'emblème de la Ville, en marbre blanc, se dresse au sommet de l'édifice, brandissant le trident de Neptune… quand on ne le lui a pas emprunté – sorte de concours entre petits plaisantins locaux. Cinq effigies en bronze figurent la *Loire* et l'*Erdre*, la *Sèvre*, le *Cher* et le *Loiret*, ses affluents. Autour, des génies, symboles de l'industrie et du commerce nantais, chevauchent des dauphins.

Datant du siècle des inventions et du progrès, cette fontaine incarne aussi la conquête de l'eau courante, installée à Nantes en 1854. Jusqu'alors, et pendant quelques temps encore, les ménagères s'astreignent chaque jour à la traditionnelle corvée d'eau. De plus, le manque de fontaines ne permettant pas l'écoulement et le nettoyage des rues, les épidémies de choléra sont fréquentes, comme celle de 1832 qui fut particulièrement meurtrière.

Comme de nombreux autres édifices à Nantes, la fontaine a dû être restaurée et la place Royale en grande partie reconstruite après la Seconde Guerre mondiale.

L'eau miraculeuse

Plaque en l'honneur d'Alain Barbetorte
Rue du Pré-Nian, à l'angle de l'allée d'Orléans
Quartier **CENTRE-VILLE** ◆ SAINT-NICOLAS
Tram 1-2-3, arrêt Commerce

Cette plaque de bronze rappelle qu'ici, en l'an 937, Alain Barbetorte vainquit les Normands. Dès le VIIIe siècle, ces pirates scandinaves prennent pour villégiature l'île d'Her, l'actuelle Noirmoutier, réputée pour la richesse de son monastère. Ils y élisent domicile avec le butin amassé dans les environs. En 843, leurs drakkars remontent la Loire afin d'assiéger par surprise la cité nantaise. Les Vikings mettent la ville à feu et à sang, envahissant la cathédrale où ils massacrent l'évêque saint Gohard et ses fidèles. Cette attaque barbare engendre la terreur des populations à l'égard de ces hommes dont la réputation de pillards sanguinaires a traversé le temps. Quelques années plus tard, les Vikings reviennent à Nantes et décident de prendre leurs quartiers sur les rives de l'estuaire. De là, ils opèrent de nombreux raids en pays nantais, semant panique et désolation, contraignant les habitants à la fuite.

Pour en finir avec cette menace pesant sur la Bretagne, Alain Barbetorte, petit-fils d'Alain le Grand, réfugié en Angleterre, débarque en 936 à Dol-de-Bretagne, où il inflige dans un premier temps une défaite cuisante aux Vikings. Quand il arrive à Nantes l'année suivante, les Normands sont installés au Pré-Nian, qui est alors une prairie bordée par l'Erdre. Il décide de les expulser définitivement des rives ligériennes, mais son premier assaut est repoussé.

À partir de là, le récit est en grande partie enjolivé par la légende… divine. Voyant ses troupes affaiblies et assoiffées, le jeune chef breton aurait invoqué la Vierge Marie toute la nuit. Ses prières sont entendues car, au petit matin, une source jaillit. Rafraîchis et revigorés, les Bretons remportent la victoire et délivrent la ville. Alain Barbetorte se proclame alors souverain de l'État breton et fait de Nantes sa capitale. Quant à la source miraculeuse, transformée en puits, elle a disparu, semble-t-il, dans la première moitié du XXe siècle.

Quand l'art ensoleille les murs

Fresque en trompe-l'œil
Place Ferdinand-Soil
Quartier **CENTRE-VILLE** ◆ SAINT-NICOLAS
Tram 1-2-3, arrêt Commerce

Depuis quelques années, l'art sort des sentiers battus en s'invitant sur les murs nantais. Fresques murales et autres tags, connus ou pas, font désormais partie du paysage urbain. La petite place Ferdinand-Soil, nichée en arrière du cours des 50-Otages, présente depuis 2006 un décor en trompe-l'œil des plus amusants. Par temps ensoleillé, l'endroit a comme un petit air de Sud. Le mur aveugle à l'angle de la rue Basse-Casserie et de la place Ferdinand-Soil est désormais égayé par une fresque colorée de 66 m² qui met en scène une entrée d'immeuble avec, de part et d'autre, une devanture ancienne d'antiquaire et une vitrine de caviste. Cette dernière, bien entendu, met à l'honneur les produits du vignoble nantais. Les boîtiers France Telecom et EDF n'ont pas été oubliés : ils ont été transformés en buffet, en armoire remplie de bouteilles de vin ou en vieux poste de télévision, sortis sur le trottoir. Amusants, les détails font plus vrai que nature. Cet étonnant trompe-l'œil est l'œuvre du peintre Jean-Yves Jodeau et de ses élèves de l'école Murs Dec' qui l'ont réalisé en trois semaines. Leur talent et leur imagination ont donné vie à cette placette jusqu'alors méconnue du grand public. À signaler, la présence de deux grands et superbes érables qui lui confèrent un cachet supplémentaire.

De toile en toile

Ancienne halle aux toiles
Rue de Feltre
Quartier **CENTRE-VILLE** ◆ SAINT-NICOLAS
Tram 3, arrêt Bretagne

Rue de Feltre, un vaste bâtiment abrite actuellement une grande enseigne de prêt-à-porter et une librairie. De facture classique avec des arcades latérales en fonte, cette œuvre de l'architecte municipal Alfred Marchand a été édifiée en 1902 en lieu et place de l'ancienne halle aux toiles, construite par Mathurin Crucy en 1823.

À l'époque, le projet prévoyait un marché couvert pour les fruits et légumes au rez-de-chaussée et un entrepôt de toiles à l'étage, où, chaque semaine, se tiendrait une vente de tissus et de fournitures diverses. Mais cette activité est rapidement abandonnée et, en 1829, l'étage est aménagé pour accueillir le musée de Peinture. L'année suivante, les œuvres d'art, dons de Napoléon et de la collection Cacault à la Ville, sont présentées au public. Peu à peu, le musée gagne du terrain et investit totalement l'espace de la halle. Toutefois, les lieux se révèlent rapidement trop exigus, et la Ville décide, en 1891, de bâtir, rue Clemenceau, ce qui va devenir le musée des Beaux-Arts. La halle est alors rasée et remplacée par le bâtiment actuel qui reprend l'ancienne vocation de marché avant de devenir, dans les années 1950, une fabrique de glace où viennent s'approvisionner les Nantais dépourvus de réfrigérateur. Des années plus tard, c'est le rendez-vous des adeptes de la glisse, qui s'en donnent à cœur joie sur cette patinoire, détrônée ensuite par la construction du complexe sportif du Petit-Port. Enfin, c'est un magasin de vêtements qui s'installe. La toile, à nouveau, s'est approprié les lieux.

Infranchissable porte Sauvetout

Base de la tour Haut-le-Pied
Rue de la Boucherie
Quartier **CENTRE-VILLE** ◆ SAINT-NICOLAS
Tram 3, arrêt Bretagne

Les travaux en ville sont parfois à l'origine de la découverte de vestiges importants du passé, comme ce fut le cas à plusieurs reprises, notamment en 1998, lors de la création de la troisième ligne de tramway. Les fouilles archéologiques entreprises alors ont permis de mettre au jour des pans de l'ancienne porte médiévale Sauvetout, une des quatre entrées de la ville, située sur la paroisse Saint-Nicolas.

Jusqu'à la reconstruction de l'enceinte, entreprise au début du XIIIe siècle par les ducs de Bretagne, l'important faubourg du Bourg-Main se trouve à l'extérieur de la ville close. Il se déploie autour de la primitive église Saint-Nicolas, sur la rive droite de l'Erdre. Intégré dans l'enceinte médiévale, le quartier du Bourg-Main, qui va devenir le quartier Saint-Nicolas, est protégé au sud-ouest par la porte Saint-Nicolas et au nord par la porte Sauvetout qui ouvre la ville sur le faubourg Saint-Similien. Du côté de l'Erdre, les murailles enjambent la rivière par un pont, reconstruit plus tard et baptisé pont des Petits-Murs. À la fin du XVe siècle, les fortifications de la porte Sauvetout sont renforcées par l'adjonction de deux ouvrages en forme de fer à cheval : la tour d'Erdre et la tour Haut-le-Pied. Le châtelet de la porte Sauvetout, placé en son devant, est lui aussi flanqué de deux tours. L'une est dite « du Bourreau » car c'est ici qu'a résidé le dernier bourreau de Nantes, de 1761 à la fin des années 1780, date de la démolition de l'ensemble.

Aujourd'hui, depuis la rue de la Boucherie, on aperçoit la base de la tour Haut-le-Pied, bel ouvrage de maçonnerie en schiste et granit, coincé entre la ligne de tramway et l'espace piéton de l'ancien marché de Feltre.

Le riz des colonies

Ancienne rizerie Levesque
Quai du Cordon-Bleu et rue Réaumur
Quartier **BELLEVUE – CHANTENAY** ◆ BAS CHANTENAY
Bus 21-25-70, arrêt Gare-de-Chantenay

Constituée d'un bâtiment à plusieurs étages, surmonté d'une tour, et de trois halles, l'ancienne rizerie Levesque constitue un témoignage remarquable du commerce colonial qui s'exerça à Nantes et de l'essor d'une famille qui sut en tirer profit.

À l'époque de sa création, cette industrie qui consiste à décortiquer et blanchir le riz en paille (le paddy) était à peine connue en France. L'initiative en revient à Louis-Auguste Levesque dont le père, Louis-Hyacinthe Levesque, émigré à Nantes à la fin de la Révolution, est une figure importante de la ville, dont il est non seulement le maire, mais aussi député de la Loire-Inférieure sous la Restauration. En même temps, il exerce la double activité d'armateur et industriel. À sa mort, Louis-Auguste va développer considérablement l'entreprise familiale.

La Maison Levesque fabrique d'abord des salaisons et du beurre salé avant de se spécialiser dans la conserverie de poissons, notamment les sardines et le thon à l'huile. Les conserveries Levesque sont implantées au Croisic et à Belle-Île-en-Mer.

En 1860, Louis-Auguste installe une rizerie sur plusieurs hectares de terrain, favorablement situés à Chantenay entre la Loire et la voie ferrée. L'usine est alimentée par des navires qui font la liaison avec l'Inde, la Birmanie et la Cochinchine. Le *Montana*, navire de 1 000 tonneaux, appartient même à l'entreprise familiale qui prend, en 1878, la dénomination de Société Louis Levesque et Cie.

L'usine de Chantenay, qui s'agrandit en absorbant, en 1919, la mélasserie voisine, va traiter jusqu'à 25 000 tonnes de riz en un an. Cette activité perdure vingt années, avant que les bâtiments ne soient reconvertis pour la production d'aliments du bétail et d'engrais.

Aujourd'hui, l'ancien ensemble industriel abrite les ateliers de la troupe théâtrale Royal de Luxe.

Dieu a du goût…

Presbytère de l'église Saint-Martin
Rue des Réformés
Quartier **BELLEVUE – CHANTENAY** ◆ JEAN MACÉ
Bus 21-45-70, arrêt Jean-Macé-Saint-Martin

On habiterait volontiers le presbytère de Saint-Martin, aussi séduisant par son architecture que par sa situation !

C'est autour de l'église du même nom qu'est fondée, au XIVe siècle, une paroisse qui s'étire entre Loire et Chézine. Le bourg s'est constitué, sur un coteau dominant la Loire, autour du sanctuaire primitif. Celui-ci dépend alors des moines du prieuré de Saint-Mélaine, en Ille-et-Vilaine, avant d'être administré par le clergé séculier. Il sera plusieurs fois reconstruit au cours des siècles.

Un presbytère, appelé « manoir de Saint-Martin », est édifié au XVe siècle dans l'enclos de l'église. L'édifice, bien que remanié au fil du temps, a conservé quelques éléments caractéristiques de l'époque médiévale, comme la tourelle abritant un magnifique escalier à vis construit en pierre. Du jardin clos qui agrémente l'ensemble, on jouit d'un superbe point de vue sur le bas Chantenay.

Au milieu des vignes, des champs et des bois, le bourg de Saint-Martin, qui groupe ses quelques maisons autour de l'église et du presbytère, reste longtemps rural. Il ne sera rattaché à la commune de Chantenay qu'en 1790. Puis, avec l'essor industriel du XIXe siècle, la population, jusqu'alors majoritairement paysanne, devient ouvrière.

Le temps a passé, mais Saint-Martin, cœur historique de Chantenay – elle-même désormais rattachée à Nantes depuis 1908 – a su conserver son cachet de village avec ses anciens chemins vicinaux, sa jolie église et son pittoresque presbytère, où réside toujours le curé de la paroisse.

Villégiature vernienne

Maison de campagne des parents de Jules Verne
Angle des 29-29 bis, rue des Réformés et 16, rue Eugène-Leroux
Quartier **BELLEVUE – CHANTENAY** ◆ JEAN MACÉ
Bus 21-45-70, arrêt Jean-Macé-Saint-Martin

Si Jules Verne revenait à Chantenay, il n'est pas sûr qu'il reconnaisse le quartier Saint-Martin, ni la maison de campagne de son enfance. Bien que toujours habitée, la vieille bâtisse, qui fait face à l'église Saint-Martin, a souffert du passage des années.

Le jeune Jules n'a que 10 ans quand son père, un avoué, achète cette résidence secondaire. Elle offre, à l'époque, un superbe point de vue sur la Loire, dont l'activité portuaire est alors incessante… et qui sera le creuset de l'imaginaire vernien.

De sa naissance, en 1828, sur l'île Feydeau, alors vaisseau de pierre encerclé par deux bras de la Loire, à son départ pour Paris, en 1847, le jeune Jules Verne a toujours vécu à proximité de l'eau et des bateaux. Comment un petit garçon qui dévore, tout jeune, les romans d'aventures n'aurait-il pas été marqué par cette Nantes ouverte sur le large et l'inconnu ? Les séjours estivaux à Chantenay sont d'ailleurs, pour lui, l'occasion de s'initier, sur le fleuve, aux joies de la voile en compagnie de son frère Paul, d'un an son cadet. Les deux complices louent des petits bateaux à la journée et s'aventurent d'île en île.

C'est encore dans la maison de campagne chantenaysienne que, plus tard, l'écrivain, grand voyageur en rêve et en réalité, conçoit *De la Terre à la Lune* et *Vingt Mille Lieues sous les mers*, deux titres du vaste cycle des *Voyages extraordinaires*. En 1863, l'éditeur Hetzel va révéler le talent de Jules Verne, dont les romans innombrables traduisent la passion pour la mer, les bateaux, l'aventure et l'attirance pour les sciences et le fantastique.

Ici, Londres !

Plaque commémorant la première liaison clandestine avec Londres
1, rue du Bois-Haligan
Quartier **BELLEVUE – CHANTENAY** ◆ JEAN MACÉ
Bus 21-45-70, arrêt Jean-Macé-Saint-Martin

Non loin de la place Jean-Macé, une plaque discrète est apposée sur le mur d'une villa de la petite rue du Bois-Haligan. Elle rappelle aux passants qu'ici, le 25 décembre 1940, a été établie la première liaison radio clandestine avec Londres. Cet épisode marquant des débuts de la Résistance se terminera tragiquement.

Au moment de l'armistice, en juin 1940, le capitaine de corvette Honoré d'Estienne-d'Orves se trouve bloqué à Alexandrie et contraint à l'inaction. Il trouvera le moyen de rallier l'Angleterre en septembre de la même année. Fin décembre, envoyé en mission par le général de Gaulle dans la France occupée, il traverse clandestinement la Manche à bord d'un bateau de pêche breton, accompagné du radio-télégraphiste Georges Marty.

Tous deux débarquent sur la côte finistérienne et gagnent Chantenay, quartier ouest de Nantes, où ils sont hébergés par l'industriel André Clément dans sa villa Ty Brao. C'est de là que le comte d'Estienne d'Orves met en place le réseau Nemrod, qui comptera jusqu'à 26 membres et couvre l'ensemble de la région Ouest. Mais dont l'existence sera, hélas, de courte durée.

Dans la nuit du 21 au 22 janvier 1941, la Gestapo pénètre dans la villa dont elle surprend les occupants dans leur sommeil. Les résistants français ont été trahis par le radio-télégraphiste Georges Marty, de son vrai nom Geissler, agent du contre-espionnage allemand. Le réseau est démantelé et tous ses membres sont arrêtés. L'officier de marine Honoré d'Estienne-d'Orves est condamné à mort par la cour martiale ainsi que huit de ses camarades. Il est fusillé le 29 août 1941 au Mont-Valérien.

Nostalgie de l'Asie

Pavillon chinois
33, rue Blanqui
Quartier **BELLEVUE – CHANTENAY** ◆ LE PILLEUX
Tram 1, arrêt Du-Chaffault

Le n° 33 de la rue Blanqui offre un contraste saisissant entre de hauts murs gris et un porche d'entrée coloré et bâti comme celui d'un temple asiatique. Mais le plus étonnant reste encore la demeure dont on ne peut apercevoir que le toit : une tourelle et une tour avec belvédère. C'est le « pavillon chinois ». Son premier propriétaire était un riche armateur et grand voyageur, du nom de sieur Chauvet. De retour de Saigon, il achète, au début du XIXe siècle, les vestiges d'un moulin du Pilleux et transforme la tour en belvédère. L'histoire raconte qu'il peut ainsi, à l'aide d'une longue-vue, contempler ses bateaux amarrés sur la Loire.

À l'époque, le Pilleux est encore un petit village traditionnel, situé en zone rurale. Sur les trois moulins des Garennes de Pilleux, il ne subsiste que celui acheté par Chauvet, dépourvu de ses ailes. La population est en majorité constituée d'ouvriers, qui travaillent, pour la plupart d'entre eux, aux chantiers navals et dans les industries avoisinantes. L'aménagement du boulevard de Saint-Aignan, au début du XXe siècle, scinde le quartier. Toutefois, ce dernier a conservé son charme, avec ses ruelles, ses maisons avec jardin… La plus surprenante reste, bien entendu, cette habitation aux allures de pagode délicatement colorée.

Le rendez-vous des portefaix

Ancien siège du BCMO
5, rue des Salorges
Quartier **BELLEVUE – CHANTENAY** ◆ SALORGES
Bus 81, arrêt Salorges

C'est sous le nom de « portefaix » que l'on a désigné, jusqu'à l'aube du XXe siècle, ceux qui chargent et déchargent de lourds ballots de marchandises qu'ils portent sur l'épaule. Sur les quais, ces solides gaillards sont généralement appelés dockers.

Aussi anodin qu'il paraisse, le bâtiment du 5, rue des Salorges, aujourd'hui reconverti en club privé, est un haut lieu de la mémoire portuaire nantaise. En 1965, le BCMO – Bureau central de la main-d'œuvre – s'y installe. Auparavant, le bureau se situait dans d'autres bâtiments qui ont été détruits à l'emplacement de l'actuelle place Jacksonville. C'est rue des Salorges que les dockers viennent pointer pour enregistrer leurs heures de travail comme leurs périodes chômées. Ils appartiennent chacun à une section bien précise : primeurs, phosphates, sucre, etc. La plupart du temps, on est docker de père en fils et, dans le métier, la solidarité est l'une des premières valeurs enseignées.

Jusqu'en 1890, année de grande effervescence chez les portefaix qui iront jusqu'à la grève, c'est dans les estaminets, bien souvent propriété des contremaîtres, que se font l'embauche et la distribution des salaires. Qui ne consomme pas a bien peu de chances d'être repris le lendemain…

Lorsque les paiements seront effectués au BCMO, la spécificité nantaise persistera, et l'embauche continuera à se faire dans les cafés alentour. Nombreux sont alors les établissements où grouille une faune au verbe haut et coloré. Il y a là les travailleurs occasionnels et les professionnels, ceux qui possèdent leur carte. Bien qu'ils soient payés à la semaine, le versement d'un acompte en fin de journée est monnaie courante.

Au fur et à mesure que les activités portuaires de Nantes s'amenuisent, le nombre de dockers diminue (on n'en compte plus aujourd'hui qu'une cinquantaine). La réforme de 1992 assène le coup de grâce à la corporation en mensualisant le travail. Le BCMO ferme ses portes, bientôt imité par les cafés voisins. L'activité portuaire nantaise s'est déplacée vers les sites de Roche-Maurice et de Cheviré, et la bruyante et laborieuse marée humaine a déserté les quais.

Mémoire d'un corsaire

Monument à Jacques Cassard
Esplanade de la butte Sainte-Anne, au niveau du 32, rue de l'Hermitage
Quartier **BELLEVUE – CHANTENAY** ◆ SAINTE-ANNE
Bus 45, arrêt Garennes

Si Jacques Cassard s'était fait pirate plutôt que corsaire, la fin de sa vie n'aurait certainement pas été plus misérable, mais sa mémoire n'aurait pas été honorée comme elle l'a été…

Ce marin naît en 1679 à Nantes, qui est alors le premier port du royaume de France. Dès l'âge de 14 ans, avide de voir du pays, il quitte le logis familial du quai de la Fosse pour s'embarquer sur un navire marchand. En 1700, il est reçu capitaine à l'amirauté de Nantes. Quelques années plus tard, il se distingue en s'emparant d'un gros navire anglais dans le port irlandais de Cork. Le roi Louis XIV l'honore en le recevant à la cour de Versailles et en le nommant corsaire à son service. L'intrépide et infatigable jeune homme – il n'a que 33 ans – se retrouve à la tête du commandement de plusieurs vaisseaux, avec lesquels il va causer de lourdes pertes aux colonies ennemies anglaises, hollandaises et portugaises.

En 1713, la paix d'Utrecht le réduit à l'inactivité. Il rentre en France quelque temps plus tard et entreprend de se faire payer les sommes dues par la ville de Marseille qu'il avait libérée du blocus anglais en 1709. Malheureusement, son manque de diplomatie et son caractère revendicatif lui nuisent. Ulcéré de ne pas voir ses services reconnus, il s'emporte au point d'injurier le cardinal de Fleury, « premier » ministre de Louis XV. Le brillant Jacques Cassard, qui avait si ardemment servi la France sur les océans, est enfermé au fort de Ham où il décède en 1740, oublié de tous, après quatorze années de captivité.

Sa mémoire réhabilitée lui vaudra des hommages divers : noms de rues, de vaisseaux, statues et, à Nantes, ce monument de la butte Sainte-Anne édifié en 1979.

Hommage aux exilés de la Nouvelle-France

Fresque des Acadiens
Rue des Acadiens
Quartier **BELLEVUE – CHANTENAY** ◆ SAINTE-ANNE
Bus 45, arrêt Garennes

La butte Sainte-Anne recèle bien des surprises, notamment, à deux pas du planétarium, cette fresque des Acadiens qui rappelle l'histoire d'un peuple déraciné ayant trouvé refuge, au siècle des Lumières, à Chantenay.

À l'aube du XVIIe siècle, l'Acadie est une terre de promesses pour les premiers colons français venus de l'Ouest s'y installer. La réussite de leur implantation dans cette région appelée « Nouvelle-France » suscite bien des convoitises en Europe. L'expansionnisme britannique ne se fait pas attendre et revendique ce territoire rebaptisé « Nouvelle-Écosse ». Durant de nombreuses années, l'Acadie est source de conflits entre Anglais et Français. En 1713, ces derniers abandonnent à la Grande-Bretagne l'Acadie et ses habitants. Ceux qui refusent de prêter allégeance à la couronne d'Angleterre sont chassés et leurs terres confisquées au profit des colons britanniques. Commence alors ce que l'Histoire a appelé le « Grand Dérangement » : les Acadiens sont expulsés de leur patrie et déportés en masse.

Plus d'un millier d'entre eux débarquent à Nantes en 1775 et sont accueillis, dans leur grande majorité, sur la paroisse de Chantenay. Celle-ci constitue alors une terre d'accueil pour ces réfugiés en attente d'une installation définitive ou d'un départ pour la Louisiane. Certaines familles sont logées dans le quartier de l'Hermitage, face au port où les navires vont et viennent. Une décennie s'écoule et, en 1785, plus de 1 600 Acadiens partent tenter l'aventure en Louisiane. C'est cet événement que rappelle la fresque réalisée en 1993 par le peintre louisianais Robert Dafford.

La carrière de la misère

Carrière de Misery
Quai du Marquis-d'Aiguillon (à l'extrémité ouest)
Quartier **BELLEVUE – CHANTENAY** ◆ SAINTE-ANNE
Bus 81, arrêt Gassendi

Aujourd'hui friche industrielle, où gisent les ultimes vestiges de la Brasserie de la Meuse aux murs tagués, Misery est l'une des dernières carrières encore visibles à Nantes. La nature, quant à elle, y a déjà repris tous ses droits. Du haut de la butte Sainte-Anne, depuis le square Marcel-Schwob, sis rue des Garennes, on a une vue imprenable sur cette « dent creuse ». Forée dans une falaise surplombant la Loire de plus de trente mètres, la carrière de Misery est située à l'extrémité du vaste plateau granitique du Sillon de Bretagne.

Au début du XVIe siècle, un ermite de l'ordre de Saint-François s'installe sur les hauteurs arides du coteau de Misery, au domaine de la Hautière, afin d'y vivre l'ascèse. Mais la misère sera aussi, longtemps, le triste lot des habitants du lieu. Ce massif de granit constitue alors une frontière naturelle entre la commune de Chantenay et la ville de Nantes. Celle-ci l'intégrera en 1793 avant d'englober, en 1908, le reste de Chantenay.

L'exploitation de la carrière de Misery, au pied de la butte Sainte-Anne, semble avoir commencé au XVe siècle ; ses propriétaires, les seigneurs de la Hautière, la louaient alors à la Ville. Les blocs de granit qui en sont extraits servent à la construction des chaussées et des maisons. Au XVIe siècle, c'est le pont de Pirmil, jusqu'alors en bois, qui est rebâti avec le « grison » de Misery. Au début du XIXe siècle, l'extraction en est encore manuelle, et les abords des carrières sont réputés dangereux. Les perreyeurs – ouvriers travaillant la pierre – ne prenant pas toujours les précautions nécessaires pour faire sauter les filons, il arrive qu'une pierre un peu grosse atterrisse sur les maisons environnantes, et il n'est pas rare qu'il y ait des blessés. Finalement, toute activité cessera à Misery dès le début du XXe siècle.

Grandeur et décadence des Brasseries nantaises

Ancienne crèche des Brasseries nantaises
9-11, rue de la Poignée
Quartier **BELLEVUE – CHANTENAY** ◆ SAINTE-ANNE
Bus 45, arrêt Square-Schwob

Nantes est bien plus le pays du muscadet et du gros plant que de la bière… et pourtant ! L'écrivain-journaliste nantais Dominique Bloyet fait état – dans *Les Dossiers de la mémoire* consacrés à l'histoire des brasseries nantaises – de la première mention d'un brasseur dans la cité sur un acte de décès daté de 1649. Quelques années plus tard, un homme résidant à la Fosse obtient l'autorisation du prévôt de Nantes de brasser de la bière « principalement pour abreuver les Flamands et les matelots ».

Il faut, cependant, attendre le début du XIXe siècle pour qu'un certain Freudenthaler, autrichien d'origine, s'installe comme brasseur à Nantes. Un jour de canicule, les Nantais délaissent finalement vin et cidre pour ses bières aux vertus rafraîchissantes, et les affaires prospèrent. Freudenthaler fait venir trois de ses camarades – Burgelin, Rothenbach et Schaeffer – qui fondent, à leur tour, d'importantes entreprises. Les brasseries Burgelin s'installent en 1892 dans la carrière de Misery (voir p. 95), et fusionnent, en 1905, avec les alsaciennes Rothenbach et Schaeffer ; la nouvelle société prend la dénomination de « Brasseries nantaises ».

Son essor est fulgurant. L'usine s'agrandit, en même temps que le nombre de ses employés augmente. En 1928, vingt ans avant ses concurrents, la firme nantaise innove en créant un atelier d'embouteillage. Révolutionnaire, le nouveau conditionnement de la bière permet à l'entreprise d'en produire de 100 000 à 200 000 hectolitres par an. Les Brasseries nantaises sont à la pointe du progrès technique, mais aussi social. On construit sur la butte Sainte-Anne, au-dessus de la carrière, des maisons d'habitation pour les salariés. Chaque semaine, ils peuvent, ainsi que leur famille, consulter gratuitement une infirmière. Une salle de douches est à la disposition du personnel. En outre, des prix avantageux sur des produits de première nécessité sont proposés via une coopérative. Et une crèche pouvant accueillir 25 nourrissons est ouverte rue de la Poignée.

En 1931, les Brasseries nantaises deviennent les Brasseries de la Meuse, cette dernière société ayant, depuis 1906, des parts dans la première. Jusque dans les années 1950, les Brasseries de la Meuse, à Nantes, comptent parmi les entreprises françaises les plus importantes du secteur. En 1972, après divers changements, BSN, géant de l'industrie agro-alimentaire, en prend les commandes. Mais la politique de la maison n'est plus à la diversité : on favorise la production de la Kanterbraü et de la Valstar, bières de qualité courante. La fermeture de plusieurs usines du groupe précède celle du site nantais, qui intervient en 1985.

Des fameuses Brasseries nantaises ne subsistent que quelques malheureux pans de murs tagués et, rue de la Poignée à Chantenay, les traces encore lisibles de l'existence de cette crèche.

Abeilles citadines

Maison de l'Apiculture de Loire-Atlantique
1 bis, rue Fontaine-des-Baronnies
Quartier **BELLEVUE – CHANTENAY** ◆ SAINTE-ANNE
Bus 81, arrêt Gassendi
Tél. 02 40 71 95 20
Permanence les mardi et vendredi de 14h à 17h

En montant la rue Fontaine-des-Baronnies, toute proche des blocs granitiques de Misery, on ne s'attend pas à découvrir un cadre aussi bucolique que celui où s'est installée la Maison de l'Apiculture. Entourés de hauts murs, les vieux bâtiments ordonnancés autour d'un espace central ont un cachet rustique. Avant d'être acquis par la Ville de Nantes, les lieux dépendaient du couvent des Oblates, qui possèdent encore une résidence située un peu plus haut.

En 2001, ce petit « coin de campagne » a été attribué par la mairie à l'UNAPLA (Union nationale des apiculteurs de Loire-Atlantique) afin de conforter la filière compromise, ces dernières années, par une mortalité importante des abeilles. Ce problème, qui se pose d'ailleurs à l'échelle mondiale, étant, en grande partie, dû aux pesticides répandus sur les cultures, on a eu l'idée d'introduire dans le milieu urbain l'abeille *Apis mellifera millefera*, importée du conservatoire de l'île d'Ouessant, afin d'en faire « la sentinelle de l'environnement ».

Depuis 2003, plusieurs ruchers ont été installés sur des toits nantais, tels ceux du Théâtre Graslin, du blockhaus DY10, de l'Hôtel de Région… À ce jour, le cheptel se porte bien et la mortalité constatée en ville n'est que de l'ordre de 5 à 8 %, alors que les pertes peuvent atteindre jusqu'à 30, voire 40 %, en campagne.

Les abeilles ne manquent pas de quoi butiner à Nantes, ville verte où les jardins, tant privés que publics, sont nombreux. Dans un rayon de trois kilomètres autour de leur ruche, les laborieux insectes font d'incessants va-et-vient pour recueillir et rapporter le nectar. C'est ainsi qu'en plus de la fabrication du miel, ils jouent un rôle primordial dans la pollinisation. Si les petites butineuses devaient être anéanties, une part importante de la diversité de notre nourriture, notamment les fruits et les légumes, disparaîtrait de la surface du globe. C'est pourquoi les bénévoles de la Maison de l'Apiculture mènent des actions de sensibilisation, notamment auprès du jeune public, et que, chaque année, des apiculteurs amateurs viennent s'y former.

Le château de la Fée électricité

Ancienne usine de Lamoricière
16, rue Lamoricière
Quartier **DERVALLIÈRES – ZOLA** ◆ CANCLAUX-MELLINET
Bus 23-24-56, arrêt Lamoricière

La Fée électricité arrive à Nantes en 1891, soit cinquante ans après l'éclairage au gaz. Une première usine s'installe à proximité de l'Erdre : la centrale de Sully produit l'électricité nécessaire à l'éclairage des rues et des lieux publics de la cité, tandis que les quartiers les plus éloignés du centre-ville vont continuer à s'éclairer au gaz jusqu'à l'aube de la Seconde Guerre mondiale.

Néanmoins, la grande ville industrielle qu'est Nantes connaît des besoins énergétiques croissants. La Compagnie générale d'électricité prend alors la décision d'installer une seconde usine dans le quartier de Gigant. En 1901, elle se porte acquéreuse d'un vaste domaine bourgeois de la rue Lamoricière, qui présente l'intérêt d'être situé à proximité du centre-ville comme de la Loire. La Chézine, rivière aujourd'hui canalisée, met en communication le fleuve et la propriété.

Le petit hôtel d'origine, de style Empire, accueille la direction et les bureaux, tandis que l'on élève, à proximité, la nouvelle demeure de la Fée électricité. L'architecture de brique de la centrale électrique est dotée d'un décor très soigné de corniches, bandeaux et arcs en pierre de Sireuil. Le bâtiment se compose de deux halles : une petite qui abrite la chaudière à charbon et une grande les générateurs d'électricité. Symbole d'une société en plein essor, la charpente de fer et de fonte de la grande nef est alors des plus modernes.

Poursuivant son expansion, le réseau électrique gagne la rive sud de la ville en franchissant la Loire. Une troisième usine s'installe à Chantenay en 1913 car le réseau s'étend notamment au sud. Devenue sous-station, la centrale de Lamoricière va fournir du courant continu aux tramways jusqu'à la fin de leur exploitation dans les années 1950. Les bureaux poursuivent leur activité bien après cette date, et c'est 1989 qui voit la fermeture définitive du site. Le petit hôtel est démoli et l'usine, laissée à l'abandon pendant de nombreuses années, abrite maintenant une supérette et un complexe sportif…

L'entrepôt de l'horreur

Ancien entrepôt des cafés
2, rue Lamoricière
Quartier **DERVALLIÈRES – ZOLA** ◆ CANCLAUX-MELLINET
Bus 11, arrêt René-Bouhier

Il ne reste pas grand-chose de ce qui fut l'entrepôt des cafés, construit en 1788 par Duparc et Mellinet. À vrai dire, il n'en subsiste que le porche – qui mériterait un ravalement –, surmonté de l'inscription « Savonnerie bretonne » aux couleurs délavées. Sur la façade en pierre, une plaque rappelle le passé révolutionnaire peu glorieux du lieu.

Lorsque s'installe la Terreur, il n'existe à Nantes qu'une seule prison, celle du vieux château du Bouffay, aujourd'hui disparu. Le patriotisme des citoyens, exacerbé par l'arrivée de Carrier à l'automne 1793, se traduit par la constitution d'un comité révolutionnaire chargé d'appliquer la loi des suspects. Il s'agit donc de trouver d'autres lieux de détention destinés aux présumés traîtres à la cause révolutionnaire.

Parmi divers bâtiments de la ville, le choix se porte sur cet édifice commercial susceptible d'accueillir plusieurs milliers de personnes. En octobre 1793, le local est aménagé à la va-vite de façon à servir de maison de convalescence puis, rapidement, de lieu de détention. Il va régner, dans cet entrepôt surpeuplé, une horreur sans nom.

On y enferme d'abord des prisonniers en mauvaise santé, puis des hommes, des femmes et des enfants – malheureux rescapés de l'armée vendéenne mise en déroute par les Bleus à Savenay. Ici, où cohabitent les vivants et les morts, les conditions d'hygiène sont effroyables. En lisière de la ville et à proximité de la Loire et des carrières de Gigant, cette geôle tristement célèbre jouit d'un emplacement « idéal » : les pauvres hères qui ne périssent pas noyés dans les fameuses gabares de Carrier (voir p. 43) sont fusillés dans les carrières voisines, quand ils n'ont pas été terrassés par le typhus.

Cet entrepôt de l'horreur, qui fut la plus atroce des prisons nantaises, vit l'exécution de plusieurs milliers de condamnés en un laps de temps très court. En effet, dès janvier 1794, la Ville prend la décision, devant le danger de contagion représenté par les miasmes s'échappant de cet enfer, d'assainir les lieux, et de les transformer, pour l'administration de la Marine, en atelier de salaison…

En regardant passer les trams...

Aubettes de tramway
Place Canclaux
Quartier **DERVALLIÈRES – ZOLA** ◆ CANCLAUX-MELLINET
Bus 11-23-56, arrêt Canclaux

De l'époque où le « péril jaune », comme on appelait le tramway électrique, était en service à Nantes (de 1913 à 1958), subsistent deux charmants témoins : les « aubettes » – joli terme d'origine belge – qui trônent au centre de la place Canclaux ombragée de majestueux marronniers.

Jusqu'en 1958, elles constituèrent l'arrêt des trams de la ligne Ouest. Si elles ne remplissent plus, aujourd'hui, leur rôle d'origine – le tramway ne dessert plus les lieux –, leur nom est resté, dans le vocabulaire nantais, pour désigner les abris sous lesquels les passagers attendent le bus, le tram et même, plus récemment, le busway.

Réalisées en 1933 par Étienne Coutan et Camille Robida, ces deux « structures-parapluies » en béton armé se composent d'un banc surmonté d'un auvent circulaire. Un liséré de mosaïque bleue, sur lequel se détachent des pointillés jaunes disposés en quinconce, apporte une discrète touche de gaieté.

Ces deux aubettes font partie intégrante du patrimoine nantais ; elles invitent le flâneur à s'y asseoir et à rêver au temps où les tramways traversaient la place en cahotant.

Sur la place du village

Place du Petit-Bois
Quartier **DERVALLIÈRES – ZOLA** ◆
CANCLAUX-MELLINET
Bus 11-23-56, arrêt Canclaux

À deux pas de la place Canclaux, mais à l'écart des grands axes de circulation, la petite place arborée, en forme de triangle, reste peu connue des Nantais jusque dans les années 1950. C'est l'ouverture d'une Trésorerie qui va la révéler aux regards. Trois voies, deux rues étroites et un passage mènent à la découverte de ce lieu pittoresque, qui doit son nom au bosquet d'une ancienne propriété seigneuriale.

Jusqu'au début du XIXe siècle, c'est encore un coin de campagne chantenaysien où les guinguettes du proche quartier de la Ville-en-Bois attirent le petit peuple. Le vin y est moins cher qu'à Nantes car il n'est pas soumis à la taxe de l'octroi.

Vers 1830, la physionomie du quartier est chamboulée par l'implantation de nombreuses conserveries et ferblanteries qui emploient une main-d'œuvre importante. Dans ce quartier ouvrier, la place du Petit-Bois demeure une sorte d'oasis campagnarde où il fait bon se détendre.

Avec le déménagement de la Trésorerie pour le site administratif de Cambronne, cette placette aux allures villageoises va probablement perdre de sa fréquentation. Pourvu qu'il reste le charme…

L'« Étoile » nantaise

Place du Général-Mellinet
Quartier **DERVALLIÈRES – ZOLA** ◆ CANCLAUX-MELLINET
Bus 11-21-23-24-45, arrêt Mellinet

Située à l'ouest du centre-ville, la place du Général-Mellinet a de quoi rappeler la célèbre place de l'Étoile (devenue Charles-de-Gaulle) de Paris. À cela près qu'au centre s'élève, au lieu d'un Arc de triomphe, la statue d'un célèbre militaire local et que ce sont huit, et non douze, avenues qui rayonnent tout autour.

Les travaux d'urbanisme entamés à Nantes bien avant la Révolution se poursuivent, vers l'ouest, au début du XIXe siècle, avec la création de quartiers résidentiels. La propriété de Launay, aujourd'hui disparue, s'inscrit dans ce projet. Le château est rasé en 1826 et, au cœur du magnifique parc boisé du domaine, les architectes Blon et Amouroux aménagent cette place, dénommée alors « de Launay ». Entre les voies, huit hôtels particuliers de style Charles X dessinent un octogone parfait. Leurs façades, d'une architecture sobre et élégante, sont toutes élevées sur le même modèle : un bâtiment central à un étage flanqué de deux ailes plus basses constituées d'un rez-de-chaussée surélevé. Non soumises à contrainte, les façades sur jardin expriment leurs différences.

Les premiers propriétaires de ces belles demeures sont issus de l'aristocratie et de la bourgeoisie d'affaires. Mais le plus célèbre habitant du lieu est le général Émile Mellinet, né à Nantes en 1798, et qui vécut, presque centenaire, au nº 8.

À sa mort, en 1894, on élève une statue à son effigie au centre de la place, à laquelle on donne également son nom. L'artiste a représenté le héros nantais debout, tête nue, dans une attitude volontaire, l'épée à la main et désignant l'ennemi de son bras tendu.

Querelle de clochers

Réservoir de la Contrie
1, chemin du Champ-Lucet
Quartier **DERVALLIÈRES – ZOLA** ◆ CONTRIE
Bus 22-56, arrêt Prière

Nantes se dote d'un service de distribution d'eau potable en 1854, mais le réseau ne suffit pas à couvrir les besoins de la ville, la qualité des eaux est des plus médiocres, et c'est sans compter avec les nombreuses fuites… Quant aux épidémies de choléra, elles n'ont rien d'exceptionnel.

À la toute fin du XIXe siècle, le maire, Émile Sarradin, envisage la construction d'un réservoir d'eau. Son choix se porte sur la zone encore rurale de la Contrie, à Chantenay, commune alors indépendante. Nantes, qui a déjà des vues sur elle, négocie avec son maire, qui n'est autre que l'industriel chantenaysien Sevestre. Ce dernier accepte l'édification de l'ouvrage sur son territoire, comptant que ses administrés profiteront du service d'eau nantais.

Ce rapprochement avec Nantes est remis en question en 1900 qui voit l'élection à la municipalité de Chantenay, majoritairement peuplée d'ouvriers, du radical-socialiste Paul Griveaud. Républicain et humaniste, celui-ci va s'opposer aux visées expansionnistes de la municipalité nantaise. Les relations intercommunales se durcissent et la virulence des échanges s'intensifie.

La construction du réservoir de la Contrie sur le territoire chantenaysien, deux ans plus tard, va raviver le conflit entre les deux municipalités. Le maire Paul Griveaud accepte le passage des conduites d'eau à condition que Nantes dote chaque quartier de sa commune d'une borne-fontaine. Non seulement la requête est refusée, mais tout habitant de Chantenay prélevant de l'eau dans les citernes nantaises fait l'objet d'un procès. L'édile chantenaysien exige alors de la municipalité nantaise le paiement d'une redevance. Exaspérée, celle-ci réplique par le creusement d'une fosse remplie d'eau et la plantation d'un poteau marquant la « frontière » entre les deux communes !

Le beau réservoir en granit local, voûté intérieurement et d'une contenance de 20 000 m^3, est inauguré en 1904 en l'absence de la municipalité Griveaud qui n'a pas été conviée… Quatre ans plus tard, Chantenay perd son autonomie et se voit rattachée à Nantes, dernier acte du grignotage de son territoire par sa puissante voisine.

Fief seigneurial

Colombier de la Contrie
Boulevard Jean-Ingres
Quartier **DERVALLIÈRES – ZOLA** ◆ CONTRIE
Bus 22-56, arrêt Vincent-Auriol

Posséder un pigeonnier était, jadis, un signe de prestige. La Révolution, qui abolit les privilèges, mit un terme à celui-ci en généralisant le droit de possession. L'élevage des pigeons offrait de nombreux avantages. La chair des pigeonneaux était très prisée et les volatiles servaient également au dressage des faucons pour la chasse. De plus, leurs déjections – la colombine – fournissaient un engrais très recherché pour les cultures.

La taille d'un pigeonnier étant en rapport avec celle du domaine – en moyenne, un demi-hectare par nid –, cette vaste construction cylindrique du XVe siècle donne une idée de l'immense espace que couvrait le fief seigneurial de la baronnie de Derval. Cette importante famille, propriétaire du domaine dès avant cette époque, y exerçait le droit de haute justice. La branche héritière, celle de François de Laval, logeait habituellement au centre de Nantes, dans l'hôtel de Derval, actuelle mairie, et la propriété des Dervallières était sa résidence de campagne. De cette seigneurie ne subsiste que le pigeonnier élevé sur une hauteur de l'ancien vallon de la Contrie (la tour de guet du XVIe siècle a été détruite dans les années 1960).

Au fil des siècles, diverses familles nobles ou bourgeoises possèdent successivement le domaine, dont la dernière en date est la famille de Brosse qui reconstruit le château au XIXe siècle. Les vestiges de la demeure, détruite en 1988, se trouvent en contrebas du pigeonnier, au cœur du grand parc arboré où s'est implantée la cité des Dervallières dans les années 1950. Sur ce qui subsiste de l'ancienne façade du pavillon central, la représentation d'une femme dans un baquet, la poitrine dénudée, accompagnée de l'inscription « C'est mon plaisir », ne lasse pas d'interroger l'amateur d'insolite.

Ode à la nature

Villa Jeannette
98, boulevard des Anglais
Quartier **DERVALLIÈRES – ZOLA** ◆ PROCÉ
Bus 70, arrêt Boulevard-des-Anglais

Mouvement éphémère, le style Art nouveau, né à la fin du XIXe siècle, a assez peu marqué de son empreinte l'architecture française, hormis quelques foyers artistiques, notamment celui de Nancy.

À Nantes, les réalisations Art nouveau sont rares, mais il est cependant une construction, 98, boulevard des Anglais, dont la découverte est un pur ravissement pour les yeux. En 1907, le photographe nantais Georges Morinet commande à Ménard et Le Bot, bâtisseurs de luxueuses villas balnéaires à La Baule, une belle demeure qu'il baptise la villa Jeannette. Les deux architectes édifient une maison bourgeoise dans le style néo-gothique, symbole de la liberté médiévale opposée à la rigueur classique. On y retrouve les caractéristiques propres à cette prestigieuse architecture privée : composition dissymétrique, tourelle d'escalier, pignon débordant et oriel en bois. En revanche, le belvédère, en béton armé, aux lignes courbes et la décoration de l'édifice appartiennent au répertoire de l'Art nouveau. En s'approchant encore, on découvre sur la façade tout un monde animal et végétal : une fenêtre présente une feuille de nénuphar ; des grenouilles, des lézards, des poissons, un oiseau et un écureuil peuplent les bas-reliefs ; çà et là, on identifie des roseaux, de la vigne, du noisetier et des nymphéas…

Mémoire d'eau

Statues de la Poissonnerie
Parc de Procé
Entrée principale rue des Dervallières ; autre entrée boulevard des Anglais
Statues situées au sud du parc (entrée principale), à côté des arcades du pont Jules-César
Quartier **DERVALLIÈRES – ZOLA** ◆ PROCÉ
Bus 22-56, arrêt Procé

Le parc de Procé est l'un des écrins de verdure de la cité où il fait bon se promener. D'ailleurs, Paul Bellamy, maire au début du siècle dernier, l'avait prédit : « Il arrivera une époque où ce parc se trouvera en pleine ville et les Nantais d'alors nous seront reconnaissants de leur avoir aménagé le plaisir d'y passer d'agréables moments. » Car, à l'époque, cette ancienne propriété privée dessinée par Dominique Noisette se trouvait en pleine campagne.

À deux pas des arches du pont Jules-César, l'endroit où l'empereur romain aurait posé son auguste postérieur sur un rocher, trois belles têtes ouvragées surmontent un petit bassin. Ces étonnantes sculptures proviennent de l'ancienne Poissonnerie, remarquable édifice de forme circulaire construit en 1851 par l'architecte Driollet à la pointe est de l'île Feydeau. Cette halle aux poissons, haut lieu du commerce nantais remplaçant un antique bâtiment en bois, était le fief des pêcheurs et des poissonnières, un endroit très animé et pittoresque, agrémenté de nombreuses statues. Quatre d'entre elles, œuvres du sculpteur Étienne Suc, sont coiffées de paniers de poissons et représentent l'Océan, le lac de Grandlieu, la Logne et la Boulogne (cette dernière disparaîtra en même temps que le bâtiment détruit en 1940 suite aux comblements de la Loire). Les trois allégories de l'eau restantes trouvent refuge au parc de Procé à l'ombre des arbres. Bien que l'ancienne cohue aux poissons ne soit plus d'actualité et que Nantes a cessé d'être une ville d'eau, ces divinités aquatiques ravivent le souvenir de « la Venise de l'Ouest ».

Romantiques allégories

Statues de l'ancien palais du Trocadéro
Parc de Procé
Entrée principale rue des Dervallières ;
autre entrée boulevard des Anglais
Statues situées au nord du Parc
Quartier **DERVALLIÈRES – ZOLA** ◆ PROCÉ
Bus 22-56, arrêt Procé

Dans la partie haute du parc de Procé, quatre sculptures allégoriques ornent la pelouse. Ces œuvres d'art se trouvaient à l'origine au palais du Trocadéro à Paris, où elles faisaient partie d'un ensemble de 30 statues ornant les terrasses de l'édifice avant sa destruction en 1937, date à laquelle on a construit l'actuel palais de Chaillot pour l'Exposition internationale des arts et des techniques. En 1941, le maire de Nantes, Auguste Pageot, demande à la Ville de Paris de lui céder quelques sculptures en vue d'agrémenter les pelouses du parc de Procé. Son choix se porte sur l'*Agriculture*, la *Forêt*, la *Botanique* et la *Sculpture*.

Les quatre statues sont l'œuvre de sculpteurs différents, mais mesurent toutes 2,30 mètres de hauteur. La *Botanique* symbolise la science de l'étude des plantes indispensables dans la fabrication de médicaments. La *Forêt*, également appelée le *Bûcheron*, fait référence à l'utilisation précieuse du bois pour se chauffer et cuire ses aliments. Enfin, l'*Agriculture* est l'allégorie de la terre nourricière dont nous tirons nos ressources. Ces statues, outre leur charme romantique, rappellent à l'Homme qu'il doit tout à la nature et qu'il ne peut vivre sans elle.

Un charmant rescapé

Kiosque Piou
Parc de Procé
Entrée principale rue des Dervallières ; autre entrée boulevard des Anglais
Kiosque situé au nord du parc
Quartier **DERVALLIÈRES – ZOLA** ◆ PROCÉ
Bus 22-56, arrêt Procé

Les 12 hectares de ce ravissant parc à l'anglaise font le bonheur des visiteurs en quête de détente. Ce jardin doucement vallonné, traversé par la Chézine, s'étend autour d'un manoir du XVIIIe siècle et les magnifiques collections de végétaux voisinent avec de charmantes sculptures. Au détour d'un chemin, on découvre un petit kiosque d'inspiration mauresque.

En 1890, lors du morcellement de la propriété voisine du château du Vivier, qui se tenait alors à l'angle du boulevard Jules-Verne et de la rue du Port-Boyer, ce kiosque est acquis par les Salons Piou, réputés dans l'art d'organiser bals, noces et banquets pour le Tout-Nantes. La construction est déménagée dans le jardin de ces salons, situé boulevard Jules-Verne. Cet établissement disparaissant à son tour dans les années 1990, le kiosque, laissé un temps à l'abandon, est finalement démonté et stocké dans les ateliers municipaux pour lui redonner son lustre d'antan. Il fait l'objet d'un travail de restauration considérable, remonté et coiffé à nouveau de son étonnant chapeau de zinc. Différents corps de métier ont pris soin de lui rendre sa beauté passée : les fines colonnettes de bois sculptées et les vitraux ont été refaits à l'identique. Sur les hauteurs du parc, au milieu des parterres de fleurs et des arbres, ce charmant élément du patrimoine nantais a enfin trouvé sa place.

À flanc de rocher

Maison d'architecte
11, rue Ampère
Quartier **DERVALLIÈRES – ZOLA** ◆ ZOLA
Bus 11-23-24, arrêt Vaucanson

À proximité de l'église Saint-Clair, une maison, construite à flanc de rocher, se distingue des autres demeures de la voie, tant par sa conception que par sa forme. L'architecte à l'origine de sa réalisation en est aussi le propriétaire. Lors de l'achat de la parcelle, il ne souhaite pas conserver l'ancien bâtiment qui s'y trouve, mal orienté à son goût, et presque en ruine. En revanche, il ne peut se résoudre à supprimer le rocher qui servait d'appui à la précédente construction. Il décide donc de bâtir sa maison sur ce pan de pierre d'une épaisseur variable, d'environ 2 mètres à la base et de 30 centimètres dans le haut. Pour lui, cette roche appartient au patrimoine de ce quartier Zola qui dépendait naguère de la commune de Chantenay avant que celle-ci ne soit rattachée à la ville de Nantes en 1908. Les carrières de granit y étaient nombreuses et le rocher de la rue Ampère, ancien petit chemin vicinal, est un vestige de ces exploitations anciennes.

Signe extérieur de richesse

Mascaron du marquis de Dion
Angle des rues Eugène-Tessier et de Bouillé
Quartier **HAUTS-PAVÉS – SAINT-FÉLIX** ◆ BELLAMY-BARBIN
Tram 2, arrêt Saint-Mihiel

Noblesse oblige, le marquis Albert de Dion fait édifier à Nantes un superbe hôtel particulier à proximité des bords de l'Erdre. En façade, un mascaron le représente, chevelure au vent et belle moustache. Le nom de cet aristocrate nantais reste attaché à l'épopée de l'automobile et à l'histoire d'une marque légendaire.

Passionné de mécanique, Albert de Dion, jeune dandy de 26 ans, s'associe en 1882 avec Georges Bouton, modeste ingénieur. Leur société, De Dion-Bouton, produit d'abord des tricycles à vapeur avant de se spécialiser dans la construction d'automobiles roulant « à l'essence de pétrole ». Rapidement, la petite entreprise se transforme en grande usine d'où sortent des merveilles pétaradantes. En 1900, De Dion-Bouton compte parmi les plus grands fabricants d'automobiles du monde. Mais la concurrence et les conséquences du krach de 1929 ont raison de la société qui cesse sa production en 1931.

Le marquis de Dion, mauvais gestionnaire dépensant sans compter, fait faillite. Il vend tous ses biens, y compris le château familial de Maubreuil, à Carquefou. L'auteur nantais Monique Sclaresky (*Nantes à la Belle Époque*, Ouest-France, 1992) nous apprend que son chauffeur, un Noir très stylé répondant au nom de Zélélé, lui reste toutefois dévoué. Il aurait mis alors à la disposition de son maître ses économies amassées du temps où celui-ci pouvait lui payer ses gages. Le marquis aurait donc ainsi vécu un certain temps de la générosité de son fidèle serviteur avant de s'éteindre à Paris à l'âge vénérable de 90 ans.

Il était une fois un petit théâtre de bois

Théâtre Le Cabanier
6, rue Ameline
Quartier **HAUTS-PAVÉS – SAINT-FÉLIX** ◆ BELLAMY-BARBIN
Tram 2, arrêt Motte-Rouge
Réservations au 09 52 74 68 74 ou au 06 63 02 56 41
lecabanier.free.fr

Il est un petit endroit bien sympathique, unique en son genre, que peu de Nantais connaissent et dont la construction à elle seule est spectaculaire. Il s'agit du Cabanier, petit théâtre de bois perché sur les hauteurs du quartier Saint-Félix, où la vue sur la ville est si belle.

Anthony Gorius et Daphné Gaudefroy, de la compagnie de marionnettes Adzel, lassés de démarcher pour trouver des salles où jouer leurs spectacles, ont eu l'idée de fabriquer leur propre théâtre. Pendant près de deux ans, ils ont travaillé à la transformation du garage de leur maison, située rue Ameline, en un étonnant théâtre de bois capable d'accueillir une quarantaine de spectateurs.

La petite salle, ouverte en février 2006, présente, dans un bric-à-brac chaleureux, des spectacles de marionnettes, de clowns, des contes et des concerts. Le décor, entièrement réalisé par les deux artistes, plonge les spectateurs au cœur du monde troublant des marionnettes, confectionnées dans l'atelier privé situé au-dessus du lieu magique. La quasi-totalité des recettes est reversée aux artistes accueillis et assistés par une équipe enthousiaste de bénévoles. De plus, cet endroit feutré aux lumières tamisées est accessible aux personnes handicapées, ce qui mérite d'être applaudi.

Il ne faut pas s'étonner de voir sur la porte du Cabanier la petite pancarte en bois mentionnant « Le magot de mémé » ! Anthony et Daphné sont aussi le chanteur et le violon alto de ce groupe de musique qui se qualifie de « brocante-swing-de-comptoir ».

Un pont modèle

Pont de la Motte-Rouge
Quartier **HAUTS-PAVÉS – SAINT-FÉLIX** ◆ BELLAMY-BARBIN
Tram 2, arrêt Motte-Rouge

La tradition fait remonter à l'évêque Félix, au VIe siècle, la canalisation de l'Erdre et l'aménagement de la chaussée de Barbin, cette large digue de pierre et de terre qui coupait la rivière 100 mètres en aval au niveau du pont actuel de la Motte-Rouge. Ce dernier a été construit en 1885 afin de remplacer avantageusement la passerelle de bois. C'est un magnifique ouvrage, œuvre de Jean Résal, ingénieur des Ponts et Chaussées, considéré comme le plus grand concepteur de ponts métalliques de la fin du XIXe siècle. L'unique arche de fonte, doublée de deux arches de pierre, est caractéristique de l'architecture métallique et industrielle de cette époque. Le tablier armorié est décoré de frises et équipé d'élégants candélabres en fonte signés par la célèbre fonderie nantaise Voruz Aîné. D'une longueur de 80 mètres, le pont s'élance avec grâce au-dessus des ondes. Son nom lui vient du général de la Motte-Rouge qui avait combattu à Magenta et commandé la place de Nantes.

En 1900, à l'occasion de l'Exposition universelle, à Paris, le pont Alexandre-III est inauguré. Son concepteur n'est autre que Jean Résal, qui a repris le modèle nantais pour édifier l'ouvrage parisien, beaucoup plus somptueux, en l'honneur du tsar de Russie.

Le dernier fief des « poules d'eau »

Ancien bateau-lavoir
Au début du boulevard Van Iseghem, près du pont de la Motte-Rouge
Quartier **HAUTS-PAVÉS – SAINT-FÉLIX** ◆ BELLAMY-BARBIN
Tram 2, arrêt Motte-Rouge

Au XIXe siècle, les bords de l'Erdre offrent un spectacle étonnant : la rivière, bordée de nombreuses tanneries, est alors littéralement couverte de « bateaux à laver » le long du quai de Barbin, actuel quai Henri-Barbusse. Sur ces bateaux, une nuée bruyante de blanchisseuses battent, à l'aide d'un « bat-drap » ou battoir, le linge sale des bourgeois.

Ces femmes dures à la tâche travaillent dans des conditions d'hygiène effroyables, dans les eaux polluées par les déchets des tanneries et de l'abattoir de Talensac. Quant aux conditions de sécurité, elles ne sont pas plus brillantes, certains de ces bateaux, véritables épaves flottantes, ne se maintenant qu'à peine à la surface de l'eau.

Sur ces embarcations, fiefs essentiellement féminins, les commérages vont bon train. Il n'est pas rare d'entendre les lavandières à la langue bien pendue déverser un chapelet d'injures à l'encontre de quiconque leur cherche querelle. On les surnomme « les poules d'eau ». Chaque année, à l'occasion de la mi-carême, elles élisent leur reine qui préside la fête. C'est une brève bouffée de joie pour ces femmes usées par le travail et bien souvent par la misère.

Au fil du temps, le nombre de ces bateaux se réduit avec l'apparition, sous le Second Empire, des lavoirs publics. Le coup de grâce est porté par l'entrée de la machine à laver dans les foyers : les derniers bateaux-lavoirs disparaissent dans les années 1950-1960 et, avec eux, le dur et noble métier de blanchisseuse. Seul rescapé de cette besogneuse activité, ce bateau-lavoir, daté de 1906 ; cabaret flottant dans les années 1960-1970, il est aujourd'hui transformé en habitation.

Aux bains !

Anciens bains-douches
61, rue Noire
Quartier **HAUTS-PAVÉS – SAINT-FÉLIX** ◆ HAUTS-PAVÉS
Tram 3, arrêt Poitou

En Angleterre, au début du XIXe siècle, les bains et lavoirs publics se généralisent. En France à cette même époque, les habitations bourgeoises, relativement dépourvues de confort, sont tout au plus équipées d'un cabinet de toilette, où il est habituel de trouver pots et brocs en faïence sur de petites tables au plateau de marbre. Mais très peu de personnes peuvent se flatter de posséder une véritable « salle de bains ».

En 1855, Napoléon III décide de faire bénéficier Paris de cette innovation hygiéniste d'origine britannique. La même année, Nantes est la deuxième ville à se doter d'un établissement de bains où la population prend l'habitude de se rendre. Au début des années 1890, un lavoir municipal est édifié rue Noire – qui doit son nom à la léproserie installée là jadis. Dans le prolongement du lavoir, il est prévu de lui adjoindre un dispensaire (au début des années 1910) et un établissement de bains-douches (1925), construits par l'architecte Étienne Coutan. La clientèle est en majorité ouvrière, les plus nantis achètent le nécessaire de toilette sur place tandis que les autres viennent avec leur propre savonnette. Le rez-de-chaussée est réservé aux hommes, et le premier étage aux femmes. Avec l'avènement de l'eau courante et l'amélioration constante du confort domestique moderne, le dispensaire ferme ses portes, suivi des bains-douches. Dans les années 1960, la Mutuelle Atlantique s'installent dans les anciens locaux du dispensaire.

De procès en procès...

Île de Versailles
Quai de Versailles
Quartier **HAUTS-PAVÉS – SAINT-FÉLIX** • ÎLE DE VERSAILLES
Tram 2, arrêt Saint-Mihiel

Sur les bords de l'Erdre, entre les ponts Saint-Mihiel et de la Motte-Rouge, s'étire une langue de terre ombragée où est amarrée une kyrielle de bateaux dépareillés : c'est l'île de Versailles, qui allie l'envoûtement d'une terre insulaire à un paysage japonisant. L'aménagement du site en un jardin oriental remonte à une vingtaine d'années, époque au cours de laquelle la Ville de Nantes réussit à le reconquérir entièrement.

Cette île, qui était à l'origine un marécage, est née de l'amoncellement des gravats du creusement du canal navigable qui va de Nantes à Brest, entre 1813 et 1842 – une idée napoléonienne destinée à dynamiser la batellerie bretonne. Elle porte différents noms avant d'épouser, plus tardivement, celui du quai tout proche. Très vite, l'île de Versailles devient source de conflits entre les propriétaires successifs et la municipalité nantaise. En 1877, elle est la propriété d'un certain Le Gall, négociant en bois, qui y installe des hangars et lui donne son nom. La Ville lui intente un procès afin de revendiquer ses droits de propriété sur la lisière du terrain formant le pourtour de l'île. La reconnaissance de ce titre n'aboutit qu'en 1899, après plusieurs procédures au tribunal civil. Tout au long du XXe siècle, les municipalités successives tentent de récupérer la totalité de l'île en vue de l'aménager. Mais ce n'est qu'au début des années 1980, une fois le dernier occupant parti, que cela devient possible.

L'île est à cette époque parsemée d'habitations hétéroclites et de quelques saules. Elle ne vibre plus comme jadis au son des guinguettes et les divers petits métiers qui y cohabitaient l'ont pour la plupart désertée. Cette étroite langue de terre, livrée à elle-même pendant plusieurs décennies, est aujourd'hui domestiquée. C'est désormais l'écrin d'un jardin japonais aussi raffiné que dépaysant.

Une église sans clocher

Église Saint-Similien
Place Saint-Similien
Quartier **HAUTS-PAVÉS – SAINT-FÉLIX** ◆ TALENSAC
Tram 3, arrêt Viarme-Talensac

Les Nantais sont tellement habitués à l'église Saint-Similien qu'ils n'y prêtent plus guère attention. Pourtant, quelque chose cloche… pourrait-on dire ! Classique parmi les classiques, l'argent a manqué pour achever les travaux de la façade et y adjoindre les deux clochers initialement prévus.

Coincée entre la place Viarme et la place Talensac, cette église, originellement nommée Saint-Sambin, serait la plus ancienne de Nantes. Elle a été baptisée du nom de saint Similien, troisième évêque de Nantes décédé, semble-t-il, dans la première moitié du IVe siècle. Une chapelle commémorative est élevée un siècle plus tard au-dessus de son tombeau.

La première pierre de l'édifice actuel est posée en 1873, mais l'ancienne église est maintenue debout afin d'assurer les offices le temps du chantier. Cependant, le budget, bien mal géré, n'a tout simplement pas pris en compte le coût de la démolition de l'ancien monument. Tant pis, le nouveau devra s'accommoder de moyens restreints : il sera donc dépourvu de façade et « muet », faute de clocher. Les cloches, elles, existent, mais à l'intérieur du sanctuaire. Dans les premiers temps, lors des grandes occasions, on tente de les actionner. Sans succès. On n'entend rien à l'extérieur – dans l'église, en revanche, imaginez le vacarme ! –, et l'opération est extrêmement dangereuse. Les fidèles préfèrent aller convoler sous les joyeux carillons de l'église proche de Saint-Nicolas.

Le temps passe, et il n'y toujours pas d'argent pour achever cette façade. On élabore bien quelques projets, mais aucun n'aboutit. En 1997, l'architecte Marc Alibert propose de réaliser une fresque en trompe-l'œil. Mais ce sont, cette fois, des problèmes d'instabilité du sol qui font échouer cette solution des plus originales. La priorité est donc de consolider l'édifice avant toute chose. Prions pour qu'un jour l'église Saint-Similien bénéficie de la prodigalité d'un généreux donateur…

Le ventre de Nantes

Marché de Talensac
Rue Jeanne-d'Arc
Quartier **HAUTS-PAVÉS – SAINT-FÉLIX** ◆ TALENSAC
Tram 3, arrêt Viarme-Talensac
Ouvert du mardi au dimanche de 8h à 13h
(13h30 les samedi et dimanche)

Talensac, le plus important marché de la ville, est une enivrante escapade au pays des mille et une saveurs. Le dimanche matin en particulier, le Tout-Nantes a rendez-vous devant les étals. Il faut aussi compter avec les fâchés du réveil qui arrivent *in extremis* pour les dernières ventes et, bien sûr, les oiseaux de nuit qui terminent leurs fêtes ici avant d'aller se coucher. Les terrasses des cafés alentour regorgent de cette faune bigarrée, et la tradition du muscadet reste en vigueur.

La municipalité décide de créer ce marché en 1936 dans le but d'assainir le quartier. L'actuel marché a, en effet, été construit sur l'emplacement des anciens abattoirs – édifiés cent ans plus tôt sur la tenue de la Tombe rouge – où se tenait jadis la « tuerie aux bestiaux ». La construction du nouveau bâtiment est l'œuvre des architectes Vié père et fils et Desfontaines. Répondant aux critères hygiénistes et modernes de l'époque, il est en béton armé avec des parties métalliques et des parois en briques enduites de ciment. Au fil du temps, le marché s'est modernisé, mais sa configuration est restée la même : la grande halle à trois niveaux desservie par des escaliers. Le marché clos est réservé aux poissonniers, bouchers et autres marchands de bouche ; le pourtour du vaisseau central constitue le marché couvert, fief des vendeurs de fruits et de légumes ; tandis que dans le marché en plein air sont rassemblés tous les autres stands.

La poste aux chevaux

Balcon du premier étage
20, rue Jean-Jaurès
Quartier **HAUTS-PAVÉS – SAINT-FÉLIX** ◆ TALENSAC
Tram 3, arrêt Viarme-Talensac

À deux pas de l'église Saint-Similien, au n° 20 de la rue Jean-Jaurès – autrefois rue des Arts –, on peut lire sur un balcon de fer « Poste aux chevaux ». En effet, c'est de là que s'élançaient jadis, dans un ballet incessant, les chevaux attelés aux diligences du relais postal. C'était avant 1851, date de l'arrivée à Nantes du chemin de fer.

En 1597, sur l'initiative du roi Henri IV, est créée la première poste aux chevaux. À l'époque, les maîtres de poste à la tête de ce type d'établissement jouissent d'un statut privilégié car ils sont grassement payés et bénéficient de nombreux avantages. Même après la Révolution française, qui met un terme à divers privilèges, la charge de maître de poste demeure très prisée. Dès le XVIIIe siècle, Nantes possède, à l'instar des autres grandes villes du royaume, sa poste aux chevaux qui assure le transport des dépêches du roi et celles des particuliers.

Au début du XIXe siècle, déjà installée dans ce quartier dit du Marchix, elle est déplacée rue Royale – actuelle rue du Roi-Albert –, avant de s'établir place Graslin en 1830. Cette année-là, rue Saint-Similien, un service de messageries assure les départs en diligence pour Redon. En 1831, la poste aux chevaux s'installe à cette adresse et, en 1835, Michel Laurent, qui la dirige, la transfère au n° 20 de la rue des Arts, où il acquiert également un grand logement et des écuries. Le maître de poste propose un départ pour Redon tous les deux jours à 6 heures du matin. Veuf et sans enfants, il cède plus tard la charge à son frère Vincent qui, lui-même, la transmet à son fils Félix. À la mort de celui-ci, en 1854, la poste aux chevaux vit ses derniers moments. Ne reste aujourd'hui que son enseigne.

Note décolorée

Peinture publicitaire
Au milieu de la rue de Bel-Air
Quartier **HAUTS-PAVÉS – SAINT-FÉLIX** ◆ TALENSAC
Tram 3, arrêt Viarme-Talensac

Malgré les années, la pluie, le vent et le soleil, on parvient toujours à lire sur un pignon de la rue de Bel-air l'inscription « Byrrh, vin tonique » ! C'est l'une des dernières peintures publicitaires encore visible à Nantes. Mais combien de temps résistera-t-elle aux intempéries comme aux démolitions ?

C'est au XVIIIe siècle qu'apparaissent sur la voie publique les premières publicités. Un siècle plus tard, on retrouve les « réclames » peintes sur les murs, vastes espaces qui offrent au message un impact bien supérieur à celui de la classique annonce dans la presse. On privilégie les carrefours, les parois aveugles et dégagées, en ciblant bien entendu les voies commerçantes. À l'époque, les analphabètes sont nombreux et les publicités conçues pour être comprises de tous : elles comportent peu de texte, sont stylisées et attractives. Afin de préserver les édifices publics, cette forme de communication est ensuite taxée et doit très vite faire l'objet d'une régulation, certains emplacements étant très cotés. Au début du siècle dernier, les peintures publicitaires fleurissent en province, surtout sur les routes, où la location de l'emplacement est beaucoup moins chère qu'en ville. Grand nombre de ces publicités murales vantent, entre autres, l'usage de boissons alcoolisées, la sobriété au volant semblant ne préoccuper personne à l'époque. Dubonnet, Saint-Raphaël, Cinzano ou Byrrh font littéralement partie du paysage.

Aujourd'hui, les rarissimes murs peints qui ont survécu à la pioche, au crépi et au temps gardent tous un charme désuet que n'auront jamais les panneaux publicitaires métalliques mis en place à partir de 1965. Et bien que décolorés et passablement écaillés, ils ont gagné leur place d'éléments du patrimoine culturel français.

Les dernières heures d'un homme d'honneur

Monument en hommage à Charette
Angle de la place Viarme et de la rue Félibien
Quartier **HAUTS-PAVÉS – SAINT-FÉLIX** ◆ VIARME
Tram 3, arrêt Viarme-Talensac

À l'angle de la place Viarme et de la rue Félibien, une croix de pierre honore la mémoire de François-Athanase Charette de la Contrie. Bien que né en Pays nantais, cet homme est sans doute un des chefs vendéens les plus connus. Le calvaire érigé ici commémore son exécution en ces lieux sous la Révolution française.

Issu d'une famille de petite noblesse et sans fortune, le jeune Charette s'engage à l'âge de 17 ans dans la marine royale. Il démissionne après dix ans de service, se retire en 1790 sur ses terres et épouse une très riche veuve. En mars 1793, il accepte de prendre le commandement des insurgés de Machecoul, en majorité des paysans. Courageux au combat, bon entraîneur d'hommes, il s'impose peu à peu comme un chef militaire et est fait général en décembre 1793. De nature orgueilleuse et rétif aux ordres, il a beaucoup de difficultés à s'entendre avec les autres chefs des armées vendéennes. De ce fait, bien souvent, son armée livre bataille seule.

Traqué par le général républicain Travot, Charette est capturé le 23 mars 1796. Il est emmené à Nantes où, après un court procès, on décide non point de le guillotiner, mais de le passer par les armes. Le 29 mars 1796, la place Viarme, alors place des Agriculteurs, grouille de monde venu assister à l'exécution. Pas moins de 5 000 soldats auraient été aussi présents afin d'encercler la place qui n'avait pas la même physionomie qu'aujourd'hui. Avant de se faire fusiller contre la porte d'un jardin, le brave militaire aurait refusé de se mettre à genoux et de se faire bander les yeux, demandant aux soldats de « tirer droit dans le cœur ». Signalons cependant qu'on n'est pas sûr qu'il soit bien mort à l'emplacement de la croix.

Un petit Père-Lachaise

Cimetière de la Miséricorde
Entrée principale rue d'Auvours
Quartier **HAUTS-PAVÉS – SAINT-FÉLIX** ◆ VIARME
Tram 3, arrêt Viarme-Talensac
Tél. 02 40 41 93 86

La légende raconte que, en des temps bien lointains, un monstre, peut-être un dragon, décimait les troupeaux et s'attaquait aux hommes. Aussi, trois chevaliers courageux décidèrent-ils de l'abattre. L'un d'eux fut tué, mais les deux autres parvinrent à terrasser la bête. En signe de reconnaissance, la population fit alors édifier sur la paroisse Saint-Similien, alors située hors les murs, une chapelle à Notre-Dame-de-la-Miséricorde qui l'avait exaucée. Le sanctuaire religieux, reconstruit en 1544, fut détruit en 1825 pour agrandir le cimetière auquel il donna son nom.

En mai 1793, le cimetière de la Miséricorde est ouvert à la sauvette car il n'est ni clos ni béni. En cette période troublée de la Révolution, les cadavres s'accumulent sans qu'on sache où les enterrer, et le premier cimetière communal, La Bouteillerie, datant de 1774, considéré comme plein, est fermé. En juin 1793, le cimetière de la Miséricorde est ravagé par les Chouans et ne rouvre qu'en 1803, date à laquelle on le clôture et où sont construits les premiers tombeaux. Ce cimetière couvre aujourd'hui une superficie de 9 hectares, divisée en plusieurs sections religieuses.

Bien que ne possédant pas l'aspect mystérieux et romantique du célèbre Père-Lachaise, à Paris, le cimetière de la Miséricorde a beaucoup de cachet. Il est très agréable de s'y promener et de découvrir, au détour d'une allée, une chapelle, un buste ou un médaillon célébrant la mémoire de personnalités locales. Le long de l'allée centrale en forme de croix, plantée de cyprès et de tilleuls, sont alignés une soixantaine de mausolées de grandes familles nantaises du XIXe siècle : Dubigeon, Lefèvre-Utile, Say… Ces constructions néo-gothiques témoignent de la prospérité commerciale et industrielle de la ville.

Le Regulus nantais

Stèle de Pierre Haudaudine
Cimetière de la Miséricorde,
section DD-15-19
Entrée principale rue d'Auvours
Quartier **HAUTS-PAVÉS – SAINT-FÉLIX • VIARME**
Tram 3, arrêt Viarme-Talensac
Tél. 02 40 41 93 86

La plupart des Nantais connaissent le pont Haudaudine. En revanche, beaucoup ignorent que ce nom est celui d'un homme surnommé « le Regulus nantais ». Pierre Haudaudine, jeune négociant nantais d'origine basque, membre de la Garde nationale, est capturé par les Vendéens en 1793. Les chefs royalistes, dont fait partie le général Bonchamps, le renvoient sur parole à Nantes afin d'organiser un échange de captifs. Il promet de venir rapporter, qu'elle soit favorable ou non, la réponse des autorités de la ville afin d'éviter le massacre des 5 000 républicains restés aux mains des insurgés.

Malgré l'échec de sa mission auprès des instances militaires et civiles nantaises et l'injonction de ne pas se constituer prisonnier, Haudaudine, homme d'honneur, retourne se livrer. Les Blancs, bien que surpris par la noble conduite du jeune homme, sont furieux et, pour se venger, décident d'égorger leurs prisonniers regroupés dans l'église de Saint-Florent-le-Vieil. Entre-temps, l'armée vendéenne est vaincue lors de la bataille de Cholet, et le général Bonchamps, mortellement blessé et sentant sa fin prochaine, exige la libération des républicains, dont Pierre Haudaudine. Quelque temps plus tard, le jeune homme plaide la cause de la veuve du général vendéen devant le comité révolutionnaire et réussit à la sauver.

Dans le cimetière de la Miséricorde, section DD-15-19, s'élève une colonne totem dédiée à la mémoire de l'émissaire républicain, le Regulus nantais. Le sommet du monument funéraire est constitué d'une amphore entourée d'une couronne de laurier, symbole d'éternité et de gloire depuis l'époque romaine.

Perdu chien...

Tombe des Van Neumen
Cimetière de la Miséricorde, section UU-7-9
Entrée principale rue d'Auvours
Quartier **HAUTS-PAVÉS – SAINT-FÉLIX** ◆ VIARME
Tram 3, arrêt Viarme-Talensac
Tél. 02 40 41 93 86

Tout près de la petite chapelle, délabrée et ouverte à tous les vents, de la famille Coignard, reposent les époux Van Neumen. Leur dernière demeure, l'un des plus anciens tombeaux du cimetière, est l'œuvre du sculpteur Jean-Baptiste Debay Père. C'est un monument remarquable, malgré son état de délabrement. Il comporte en médaillon les profils sculptés du couple défunt : lui, nez bourbonien et cheveux retroussés derrière la tête ; elle, nez droit et coiffe plissée sur le devant du front. Le tombeau arbore à ses angles des masques de tragédie. Michel Van Neumen était écrivain. Après la mort de sa femme, Marie, en 1809, il vient quotidiennement se recueillir sur sa tombe, accompagné de son épagneul. En 1812, Michel meurt à son tour et est enterré près de son épouse ; mais le chien fidèle continue ses visites au cimetière. L'histoire raconte qu'il serait mort de chagrin devant la sépulture de son maître. Quoi qu'il en soit, les descendants des Van Neumen ont souhaité immortaliser cet attachement : un chien de pierre, étendu au pied du tombeau, veilla près de deux siècles sur le sommeil du couple. Jusqu'en avril 2008, où une descendante de la famille constate sa disparition (NdE : la photo ci-contre est antérieure à cette date...). Las ! la brave bête n'a pas fait une simple fugue, mais a bel et bien été victime d'un enlèvement ! Il n'y aura pas de demande de rançon car les œuvres volées ne sont que rarement, voire jamais, retrouvées. Et seul un cœur de pierre a pu séparer le chien de ses maîtres.

Une dose d'Art nouveau

Pharmacie Dalby
83, boulevard Ernest-Dalby
Quartier **MALAKOFF – SAINT-DONATIEN** ◆ DALBY
Bus 12, arrêt Marcel-Hatet

La pharmacie située à l'angle du boulevard Ernest-Dalby et de la rue Francis-de-Pressensé n'est pas la plus ancienne de Nantes, mais son décor Art nouveau est unique.

L'immeuble est construit en 1911 par un architecte du nom de Viale pour M. Jagu, pharmacien. Ce dernier, bien qu'exerçant une profession de longue tradition, se montre à l'évidence réceptif aux nouveaux concepts artistiques.

Il fait décorer la devanture de son officine de carreaux de céramique dont les couleurs vives attirent immanquablement le regard. La représentation du règne végétal est très caractéristique du style Art nouveau et, ici, celle des plantes médicinales, telles que glycine, pavot ou digitale, se rapporte particulièrement à l'art de la pharmacie.

On remarque aussi un panneau de faïence où est représenté un être hybride, sorte de démon à l'expression plus que terrible. La présence de cette créature sur la façade ne manque pas d'intriguer : faut-il y voir une incarnation du mal – symbole de la maladie – dont le pharmacien, à l'aide de ses remèdes, se fait fort de triompher ?

Même si le mystère n'est toujours pas élucidé, la belle façade reste sans conteste un vrai régal pour les yeux… qui fait d'autant plus regretter la disparition du décor intérieur d'origine.

Tabacs et œuvres sociales

Ancienne Manufacture des tabacs
11, boulevard de Stalingrad
Quartier **MALAKOFF – SAINT-DONATIEN** ◆ DALBY
Tram 1, arrêt Manufacture

En 1849, afin de répondre à la demande croissante de cigares en France, il est décidé en haut lieu d'établir, sur le territoire national, une quinzième manufacture des tabacs.

La municipalité nantaise, que dirige Évariste Colombel, pose sa candidature, motivée en grande partie par la volonté de « doter la ville d'une structure industrielle étatique ». Soit cette candidature a été rejetée, soit le projet s'est vu reporté, car, en 1856, la Mairie récidive, se proposant d'accueillir une des deux manufactures impériales alors en projet. Son choix se porte judicieusement sur un pré situé le long du boulevard Sébastopol (aujourd'hui de Stalingrad) qui mène à la gare du chemin de fer.

La construction de la monumentale usine ne commence, toutefois, qu'en 1861. Son architecture, due à l'architecte nantais Chenantais, correspond au modèle Rolland, prototype élaboré à Strasbourg entre 1848 et 1851 par l'ingénieur du même nom. Elle se compose de cinq bâtiments rectangulaires disposés autour de deux vastes cours selon un plan quadrillé.

Rapidement, la nouvelle industrie attire, de toute la Bretagne, une population ouvrière nombreuse, qui produit tabacs, cigares et allumettes, puis cigarettes (1872) et cigarillos (1901). Comme la main-d'œuvre est, pour l'essentiel, constituée de femmes, une crèche est installée sur place afin d'accueillir leurs bambins. L'établissement se distingue aussi en fondant de nombreuses œuvres sociales comme une société de secours mutuel ou un bureau d'épargne.

La manufacture comptera jusqu'à 1 889 employés dans les années 1870. Ils ne sont plus que 443, en 1974, lorsqu'elle est fermée et son activité transférée dans la nouvelle usine implantée à Carquefou, commune limitrophe située au nord-est de Nantes.

Dans les années 1980, l'ensemble des bâtiments de la Manufacture des tabacs fait l'objet d'une grande réhabilitation, destinée à leur reconversion en logements sociaux et en locaux associatifs.

Chef-d'œuvre de compagnons

Maison des compagnons du devoir du tour de France
Angle des quais Malakoff et de Lourmel
Quartier **MALAKOFF – SAINT-DONATIEN** ♦ GARE SUD
Bus 24-56, arrêt Allier

La légende veut que le compagnonnage date de l'époque du roi Salomon. Plus vraisemblablement, cette corporation aurait fait son apparition vers le XIIe siècle, lors des premiers chantiers de construction des cathédrales. Il existe encore de nos jours plusieurs associations françaises héritières du compagnonnage, dont l'Association ouvrière des compagnons du devoir du tour de France (AOCDTF), fondée en 1941. Depuis les années 1950, Nantes abrite également une Maison des compagnons du devoir du tour de France, construite de 1952 à 1957.

Pour édifier leur demeure, les compagnons choisirent un emplacement idéal, à l'angle des quais de Malakoff et de Lourmel, en bordure du canal Saint-Félix. Là se dressait alors une vieille demeure bourgeoise nantaise, épargnée par les bombardements qui ont dévasté par deux fois le quartier. Elle est rasée et remplacée par cet édifice à la fois beau et fonctionnel. Ses dimensions imposantes permettent à chaque corps de métier de travailler à la réalisation d'une pièce d'excellence, appelée « chef-d'œuvre ». L'élément le plus visible du bâtiment est sans conteste la haute flèche torse qui s'élève au-dessus du bâtiment – pure merveille de charpente et de couverture, un chef-d'œuvre évidemment.

L'Association ouvrière des compagnons du devoir du tour de France forme chaque année sur l'ensemble du territoire français environ 2 500 jeunes à une vingtaine de métiers traditionnels. La période d'apprentissage, qui dure deux ans, consiste en une transmission du « savoir » et du « devoir ». Et le titre de compagnon n'est acquis qu'au terme de quelques années de perfectionnement et d'un voyage, le traditionnel tour de France.

Légendaire tribune Nord

Stade Marcel-Saupin
Quai de Malakoff entre les ponts de Tbilissi et Willy-Brandt
Quartier **MALAKOFF – SAINT-DONATIEN** ◆ GARE SUD
Bus 24-56, arrêt Allier

Quiconque a assisté à un match de foot au stade Marcel-Saupin de Nantes a inévitablement gardé en mémoire l'ambiance phénoménale qui règne dans ce lieu.

En 1934, la ville décide de transférer le stade de rugby du Champ-de-Mars. L'endroit jugé propice pour accueillir une importante infrastructure est une zone encore vierge, située hors du centre-ville, un terrain remblayé, à l'angle de la Loire et du canal Saint-Félix, dans le quartier Malakoff. En 1937, l'architecte Camille Robida y élève un stade en béton de 3 000 places. Le coup d'envoi du premier match international est donné en 1939. Mais, quelques années plus tard, les Allemands le réquisitionnent. Les bombardements de 1944 qui détruisent en grande partie le quartier Malakoff n'épargnent pas les pelouses du stade.

Le Football Club nantais (FCN), créé en 1943 sous l'égide, entre autres, de Marcel Saupin, investit la place et prend son essor : il accède à la première division en 1963, année où le stade est baptisé Marcel-Saupin. Deux ans plus tard, il décroche son premier titre de champion de France. Ce soir-là, des milliers de spectateurs sont présents, assis tant bien que mal sur des bancs ajoutés pour l'occasion. On décide alors d'agrandir la structure en adjoignant aux trois tribunes d'origine une quatrième, côté boulevard, la tribune Nord dite « d'honneur ». Le stade est si inconfortable qu'il est surnommé « Notre-Dame des courants d'air », mais peu importe ! C'est le rendez-vous des passionnés du ballon rond qui font vibrer de leurs cris les gradins de l'enceinte. Les supporters sont alors proches des joueurs, tous unis dans un même état d'esprit bon enfant. Les soirs de rencontre, les effluves de merguez et de jambon grillés chatouillent les narines du public venu au stade en famille. Une chaude ambiance règne aussi dans les cafés des alentours où l'on refait le match autour d'un verre de muscadet…

Le stade Marcel-Saupin est déserté en 1984, détrôné par le nouveau stade de la Beaujoire d'une capacité de 53 000 spectateurs ; trois des quatre tribunes ont été remplacées par des logements, des bureaux et un parking aux couleurs osées. Il n'en subsiste que la tribune Nord et la pelouse, destinées à accueillir des matchs de petite division. Les grands rassemblements populaires qui ont fait sa réputation appartiennent désormais au passé… et à la légende.

Destin tragique

Médaillon d'Élisa Mercœur
Portail d'entrée du Jardin des Plantes
Rue Stanislas-Baudry
Quartier **MALAKOFF – SAINT-DONATIEN** ◆ JARDIN DES PLANTES
Tram 1, arrêt Gare-SNCF

La vie d'Élisa Mercœur, grande poétesse nantaise ignorée de beaucoup, ne débute pas sous les meilleurs auspices. Sa mère, dentellière de son état, l'ayant abandonné à 3 jours faute de ressources, le bébé est recueilli par l'Hospice des Enfants Trouvés. Elle reviendra chercher sa fille âgée de 2 ans.

Élisa est une enfant précoce possédant une âme sensible qui s'exprime par la plume. À 11 ans, elle écrit ses premiers vers et, sept ans plus tard, grâce à la souscription de généreux donateurs, elle publie son premier recueil de poésies qu'elle dédie à Chateaubriand. Encouragée par ses admirateurs, la jeune fille décide de partir à la conquête de Paris, dans l'espoir d'y rencontrer la gloire et la fortune.

Sitôt débarquée dans la capitale, la « muse armoricaine » est accueillie par les écrivains du mouvement romantique qui louent sa verve littéraire. Grisée par ce succès prometteur, Élisa entreprend dans l'enthousiasme l'écriture d'une tragédie. Mais, de constitution délicate, elle est emportée par la phtisie (tuberculose) dans sa vingt-sixième année, auréolée d'une courte gloire et sans un sou.

En 1909, Nantes, sa ville natale, décide de lui rendre hommage en commandant au sculpteur Sébastien de Boishéraud son portrait en bronze pour orner le portail d'entrée du Jardin des Plantes. L'artiste a finement ciselé les traits de ce jeune talent, mort dans la fleur de l'âge, dont le corps repose au Père-Lachaise, à Paris.

Les trois pendus

Pierre sur le pignon ouest de la maison directoriale
Jardin des Plantes
Rue Stanislas-Baudry
Quartier **MALAKOFF – SAINT-DONATIEN** ◆ JARDIN DES PLANTES
Tram 1, arrêt Gare-SNCF

En pénétrant dans le Jardin des Plantes par son entrée principale située rue Stanislas-Baudry, se dresse, sur la gauche, ce qui était initialement la maison de fonction du directeur appelée La Grande Porterie. Ce bâtiment de style chalet, typique des jardins à l'anglaise, a été construit dans la seconde moitié du XIXe siècle. Une Petite Porterie, édifiée à la même époque, lui a tenu compagnie quelques années avant d'être détruite après la Première Guerre mondiale. Sur le mur pignon ouest de la bâtisse est scellée une pierre portant l'inscription « *Intellige priusquam discutias* » : « Tire au clair avant de prendre une décision »…

Cette pierre provient d'une demeure démolie rue Frédéric-Caillaud, appelée rue des Trois-Pendus jusqu'en 1874, située dans le quartier proche de Richebourg. C'est le docteur Ecorchard (1809-1882), directeur et créateur du jardin, qui la récupère et décide de l'apposer sur sa maison.

La maison de la rue des Trois-Pendus aurait été celle de l'échevin Ymbert d'Orléans, qui vivait à Nantes au XVIe siècle, et cette phrase latine, sa devise. Néanmoins, la petite histoire veut que cette inscription perpétue le souvenir d'un fait tragique qui se serait passé dans cette demeure : trois hommes, accusés d'un crime qu'ils n'avaient pas commis, furent exécutés sans aucune forme de procès. Leur innocence fut reconnue bien plus tard et, afin de réparer cette erreur de jugement, on posa cette plaque sur la façade du lieu où s'était déroulé le drame.

Symbole de générosité

Fontaine Wallace
Jardin des Plantes
Rue Stanislas-Baudry
Quartier **MALAKOFF – SAINT-DONATIEN** ◆ JARDIN DES PLANTES
Tram 1, arrêt Gare-SNCF

Pendant le siège prussien de 1870, la population parisienne souffre du manque d'eau. Le fortuné Richard Wallace, anglais d'origine mais français de cœur, a l'idée de doter la ville de Paris de 50 « fontaines à boire ». Pour la réalisation de ces dernières, il fait appel au sculpteur nantais Charles-Auguste Lebourg, à qui il avait déjà commandé un buste de sa femme.

Les œuvres de l'artiste sont en fonte vert bouteille, couleur souhaitée par la Ville de Paris pour mieux se fondre dans le paysage des parcs et jardins. Il s'agit de cariatides, allégories de la Simplicité, de la Bonté, de la Charité et de la Sobriété, se tournant le dos et portant un dôme décoré de dauphins. En observant les fontaines de plus près, on s'aperçoit que les quatre déesses diffèrent, soit par le genou qu'elles plient (à droite ou à gauche), soit par l'attache de leur corsage. L'eau coule en un mince filet du centre du dôme pour retomber dans la vasque. Deux gobelets de fer retenus par des chaînettes permettent de se désaltérer – ces derniers seront supprimés ultérieurement par mesure d'hygiène.

La première fontaine Wallace est inaugurée en 1872 à Paris, et la foule se presse pour y boire. C'est un succès. La Ville de Nantes passe à son tour commande d'une dizaine de fontaines, œuvres d'un enfant du pays. En flânant dans le Jardin des Plantes, havre de paix au cœur de la ville, on peut, au détour d'un chemin, découvrir les deux fontaines qui subsistent dans le parc, notes pittoresques du passé.

Marais urbain à Malakoff

La Petite Amazonie
À proximité de la piscine de la Petite-Amazonie
15, rue du Pont-de-l'Arche-de-Mauves
Quartier **MALAKOFF – SAINT-DONATIEN** ◆ MALAKOFF
Tram 1, arrêt Moutonnerie
Visites guidées et encadrées par la Ligue pour la Protection des oiseaux. Tél. 02 51 82 02 97

La Petite Amazonie, qui tire son nom de sa luxuriante végétation, désigne un territoire sauvage et fragile au cœur même de la ville, au pied de la cité Malakoff. À la fin du XIXe siècle, la rivière de Mauves est canalisée et enterrée afin d'y installer un nœud de voies ferroviaires. Au cours de la Seconde Guerre mondiale, les quelque 200 obus largués sur cette zone creusent de nombreux cratères et font resurgir la rivière de Mauves.

La paix revenue, ce marais urbain de 17 hectares, enclavé entre les voies de chemin de fer, est laissé à l'abandon. Dans les trous d'obus, les eaux pluviales s'accumulent, participant, avec le cours d'eau resurgi, à la formation d'un espace naturel humide où prospèrent une faune et une flore d'une grande diversité.

La construction de la cité Malakoff, en bord de Loire, à la fin des années 1960, ne modifie en rien cet état de choses. Seul un projet de construction routière menace un temps le site au début des années 1990. La richesse de la biodiversité de cette zone naturelle lui vaut d'être classée site Natura 2000 quelques années plus tard. Cependant, la Petite Amazonie n'est pas pour autant une réserve naturelle. Milieu des plus fragiles, on ne peut découvrir ces marécages que quatre mois dans l'année en compagnie d'un guide de la Ligue pour la Protection des oiseaux. Et, bien évidemment, les bottes sont indispensables pour la visite.

La Petite Amazonie est divisée en deux parcelles par la voie de chemin de fer. Sur la plus grande, on traverse tout d'abord les prairies humides où paissent tranquillement Gaïa, Marinette et Rosalie, des vaches écossaises de race Highland – de performantes tondeuses écologiques –, puis la forêt alluviale à la végétation dense avec aulnes, frênes et lianes, et, enfin, au bout du voyage, on découvre… les tours de Malakoff, les pieds dans la roselière ! Site probablement unique en France, l'endroit est un bien joli paradis à respecter et à protéger.

Une entrée grandiose

Porche de l'hôtel Saint-Pern
7, rue Malherbe
Quartier **MALAKOFF – SAINT-DONATIEN** ◆ RICHEBOURG
Tram 1 et busway 4, arrêt Duchesse-Anne-Château

Lorsque l'hôtel particulier des Saint-Pern est construit au XVIIe siècle, la ville close de Nantes est occupée aux deux tiers, semble-t-il, par des congrégations religieuses, et couvre un petit territoire de 24 hectares. Le vieux quartier de Richebourg, situé à l'est sur la paroisse Saint-Clément et baigné par la Loire, n'est alors qu'un faubourg. C'est là que se trouve à l'époque le port fluvial où on embarque les marchandises, comme le vin, le sel et le blé, destinées à remonter le fleuve vers Orléans. Richebourg est encore à la campagne avec ses champs et ses vignes. Le charme rural du site séduit une aristocratie lassée de vivre entre les murs de la cité, où il reste de moins en moins de place pour la construction privée.

Dans la rue Malherbe, pittoresque ruelle aux pavés irréguliers, il ne subsiste de l'hôtel particulier des Saint-Pern qu'un porche monumental à refends, symbole de l'importance des propriétaires. Richement décoré, l'élégant portail s'orne d'un tympan portant dans un cartouche deux écussons ovales. Ces derniers devaient probablement comporter des armoiries. Une tête souriante, peut-être celle d'un angelot, complète la composition.

Cette entrée grandiose de l'ancienne demeure Saint-Pern fait face à la petite chapelle de l'Immaculée Conception que le temps semble avoir oubliée.

Une devise des plus réalistes

Médaillon en haut de la façade
11, rue Henri-IV
Quartier **MALAKOFF – SAINT-DONATIEN** ◆ RICHEBOURG
Bus 11-12-21-23 et busway 4, arrêt Foch-Cathédrale

Au n° 11 de la rue Henri-IV, on peut lire au-dessus de la fenêtre centrale du dernier étage, la devise suivante : « *Hic de Vita Vita* ». L'inscription, datée 1768, se trouve au centre d'un fort joli cartouche de style rocaille. Cette maxime, « Ici on vit de la vie », laisse supposer un bel optimisme de la part de l'occupant des lieux de l'époque. En fait, le chirurgien Minée, propriétaire de la demeure, a probablement voulu signifier aux passants que, grâce à son art, il vivait en faisant vivre les autres. Cette devise ne serait donc qu'une allusion à sa profession.

Minée a exercé très longtemps à Nantes le métier de chirurgien, tant pour l'amirauté et la collégiale de Nantes que pour l'évêché. Le siècle des Lumières voit se spécialiser les chirurgiens qui cessent d'être affiliés aux barbiers. Il faut savoir que, jusqu'alors, les métiers liés aux soins du corps étaient considérés comme une seule et même activité, le chirurgien barbier jouant autant du rasoir, pour la barbe, que du bistouri, pour les saignées. Louis XV réhabilite la profession en fondant, en 1731, l'Académie royale de chirurgie à Paris, pour que la chirurgie obtienne ses lettres de noblesse.

Julien Minée, premier évêque constitutionnel de Nantes, est le fils de ce chirurgien. Plus préoccupé par la politique que par la religion, il sert avec zèle la cause révolutionnaire et, la période patriotique terminée, préfère se faire oublier. Il quitte sa ville natale, se retirant à Paris où il mène une vie des plus simples en ouvrant une épicerie.

Chef-d'œuvre de l'art romain

Patio du musée des Beaux-Arts
10, rue Georges-Clemenceau
Quartier **MALAKOFF – SAINT-DONATIEN** ◆ SAINT-CLÉMENT
Tram 1, arrêt Gare-SNCF
Tél. 02 51 17 45 00
Ouvert tous les jours de 10h à 18h (le jeudi jusqu'à 20h)
sauf les mardis et jours fériés

Édifié à la fin du XIXe siècle par l'architecte nantais Clément Josso, le musée des Beaux-Arts se caractérise par une architecture éclectique typique de cette époque. Ordonné autour d'un vaste et lumineux patio, il abrite une riche collection allant des primitifs italiens aux artistes contemporains. Au cœur de ce palais de l'art, on peut admirer une œuvre méconnue : la mosaïque romaine qui orne le sol du patio. La plupart du temps, les visiteurs la foulent sans même la regarder.

Mosaïque provenant de Tunisie (inv. 1882).
© Cliché Ville de Nantes - Musée des Beaux-Arts - Photographie : A. Guillard

Il s'agit d'un don datant de 1908 de M. Maurice Sibille, député de la Loire-Inférieure – l'ancien nom de la Loire-Atlantique. Morcelée, la mosaïque a été reconstituée deux ans plus tard par le musée d'art de Ville-d'Avray, en Île-de-France. L'œuvre date du IIe siècle et constitue un bel exemple de la mosaïque romaine de l'époque. Elle provient du site archéologique d'Utina en Tunisie, ancienne colonie romaine située à une trentaine de kilomètres de Tunis – découverte au XIXe siècle –, où de nombreux vestiges d'anciennes villas somptueuses ont également été mis au jour.

De belles dimensions – 4,75 mètres sur 5,40 mètres –, son dessin, sobre, est constitué de lignes entrelacées de losanges et d'autres figures géométriques : quinze médaillons ronds renferment des motifs d'animaux. Sur les marbres de différentes couleurs, on reconnaît un oiseau, un poisson ou une crevette. L'ensemble de la composition est des plus harmonieux, et l'on peut regretter que ce chef-d'œuvre de l'art romain soit parfois en partie dissimulé par les expositions temporaires installées dans le patio.

Histoire d'hommes

Musée des Pompiers
37, rue du Maréchal-Joffre
Quartier **MALAKOFF – SAINT-DONATIEN** ◆ SAINT-CLÉMENT
Bus 21-23, arrêt Saint-Clément
Tél. 02 28 20 41 56
Ouvert le 1er dimanche et le 2e et 3e mardi de chaque mois de 14h à 18h

Abrité par un grand ensemble de bâtiments, le musée des Pompiers de Nantes offre une approche historique de la ville peu commune. À travers l'exposition d'un millier d'objets, le visiteur découvre le quotidien de ces hommes qui ont parfois laissé leur vie pour sauver leurs concitoyens.

En 1721, les premiers pompiers volontaires font leur apparition dans différents quartiers de la cité des Ducs. En 1888, le corps municipal des sapeurs-pompiers, constitué de 32 hommes, est créé. Après un sérieux remaniement du bâtiment, les « soldats du feu » s'installent en 1907 dans l'ancien couvent des Ursulines et inaugurent leur nouvelle caserne en 1913 ; plus tard, elle prendra le nom de son premier commandant, Gouzé. Cette vénérable caserne fait l'objet de nouveaux travaux en 2006, date à laquelle s'est ouvert ce petit musée.

Ses collections sont constituées de pièces souvent rares, et les uniformes y ont la part belle. Parmi les curiosités, le porte-hache et la cantonnière retiennent l'attention. On trouve aussi des plaques de casques, des médailles, deux pompes à bras… et une plaque à la mémoire du chien Sapeur, mascotte des pompiers, mort en 1896 en service commandé !

De si beaux tuyaux

Orgues Debierre
Église Saint-Clément
Quartier **MALAKOFF – SAINT-DONATIEN** ◆ SAINT-CLÉMENT
Bus 21-23, arrêt Saint-Clément

Combien de Nantais connaissent-ils l'existence de la manufacture Debierre, qui a produit de nombreuses orgues, la plupart expédiées dans l'ouest du pays et les colonies françaises ? À l'instar d'autres édifices religieux de la ville, la petite église néo-gothique de Saint-Clément abrite en son sein une œuvre de ce célèbre facteur d'orgues.

Louis Debierre, né en 1842 à Nantes, apprend le métier de menuisier dans l'atelier de son père avant de se former dans la manufacture d'orgues parisienne Debain. Revenu dans sa ville natale, il installe son atelier dans le quartier de la Chaussée de la Madeleine et connaît des débuts modestes. Il a 30 ans à peine quand il invente l'orgue portatif qu'il peaufine longtemps avant de le commercialiser. Trois ans plus tard, il part vivre dans le quartier Saint-Clément, où il fonde sa manufacture. En 1888, pour le grand Théâtre Graslin, il perfectionne l'orgue à transmission électrique puis, neuf ans plus tard, réalise le plus grand orgue de chœur de France pour la cathédrale de Nantes.

Celui de l'église Saint-Clément, à l'origine fait d'une pièce et composé de 29 jeux, est installé dans le chœur en 1893. En 1978, deux ans avant sa fermeture, la maison Beuchet-Debierre, du nom du petit-fils de Louis, électrifie l'instrument et restructure sa composition. Il est de nos jours scindé en deux buffets symétriques constituant deux unités distinctes qui produisent deux centres d'émission de sons aux beaux tuyaux polychromes.

La manufacture Debierre aura vécu plus d'un siècle.

Hommage aux « Enfants nantais »

Croix de saint Donatien et saint Rogatien
Place des Enfants-Nantais
Quartier **MALAKOFF – SAINT-DONATIEN** ◆ SAINT-DONATIEN
Bus 21-23, arrêt Saint-Donatien

Nantes, comme chaque ville, a ses saints patrons : saint Donatien et saint Rogatien, deux frères qui n'ont pas failli à la tradition en subissant un martyre commémoré par deux croix jumelles en granit ; elles ont remplacé les croix de bois érigées en des temps bien lointains.

Donatien et Rogatien, les « Enfants nantais », comme ils furent appelés, étaient issus, semble-t-il, d'une illustre famille gallo-romaine. Lors du passage d'un missionnaire dans la cité, le plus jeune, Donatien, se fit baptiser. Rogatien souhaita alors se convertir lui aussi au christianisme. En ces temps-là, cette nouvelle croyance n'était pas encore une religion officielle et les chrétiens étaient persécutés. Les deux frères furent dénoncés et arrêtés. Refusant de renier leur foi, ils furent jetés en prison. Là, Donatien donna à son frère le baiser du baptême. Leur supplice fut décidé : les deux jouvenceaux subirent la dislocation du chevalet (instrument de torture utilisé pour le supplice de l'écartèlement), avant d'être transpercés par une lance et décapités par le glaive.

De nombreux historiens s'accordent à faire remonter le martyre des deux jeunes gens à la date du 24 mai 304.

L'âge des deux jeunes gens au moment de leur mort et le lieu du martyre restent inconnus, mais la tradition veut que ce soit à l'endroit où se dressent les deux croix bretonnes érigées en 1896. Selon Grégoire de Tours, le culte rendu aux « Enfants nantais » remonterait au VIe siècle. De nos jours, dans la proche basilique Saint-Donatien, on peut toujours admirer le sarcophage des deux saints, mais leurs reliques ne s'y trouvent plus.

Charmante vieille dame

Chapelle Saint-Étienne
Cimetière paroissial de Saint-Donatien
Face à la place des Enfants-Nantais (l'église Saint-Donatien est située 2, rue Guillet-de-la Brosse)
Quartier **MALAKOFF – SAINT-DONATIEN** ◆ SAINT-DONATIEN
Bus 21-23, arrêt Saint-Donatien

Le petit cimetière paroissial de Saint-Donatien est le dernier de la ville à entourer son église. Au milieu des sépultures se dresse la jolie chapelle Saint-Étienne, érigée voilà maintenant près de mille cinq cents ans.

Selon l'hagiographe breton Albert le Grand, le religieux Epiphanius, quatre ans après son ordination comme évêque de Nantes vers 502, se rend à Jérusalem d'où il rapporte la mandibule supérieure avec les dents de saint Étienne. Il dépose son « butin » dans la cathédrale de Nantes en attendant de lui construire un sanctuaire. Pour abriter les reliques, il est alors coutume d'élever des chapelles, plus particulièrement dans les cimetières. En effet, tout chrétien aspire à reposer aux côtés d'un saint, *a fortiori* à proximité du premier martyr, le diacre Étienne, qui fut lapidé sur la place publique alors qu'il essayait de convertir la foule.

Epiphanius choisit une terre déjà sanctifiée deux siècles plus tôt par le martyre des « Enfants nantais », saint Donatien et saint Rogatien (cf. p. 139), pour y faire bâtir une chapelle aux dimensions modestes, où il souhaite être lui-même enseveli. À l'extérieur, un puits, aujourd'hui disparu, permettait aux pèlerins de se laver les mains avant de franchir le seuil du sanctuaire.

Si on n'a jamais retrouvé sa sépulture pas plus que la relique de saint Étienne, l'endroit a malgré cela été longtemps la destination d'un pèlerinage.

Au cours des siècles, la chapelle change plusieurs fois de nom avant de reprendre celui d'origine. Après la Révolution, elle sert de lieu de culte en remplacement de l'église Saint-Donatien qui a brûlé. Par la suite, elle est transformée en dépôt pour les fouilles préhistoriques. Vers 1900, elle est restaurée, mais reste fermée au public.

Depuis l'épiscopat d'Epiphanius, le monument a naturellement été modifié, mais il a conservé ses dimensions d'origine – 17,5 mètres de longueur sur 7,5 mètres de largeur. Et si la façade a été remaniée, le mur occidental, la partie la plus ancienne, est appareillé selon la technique romaine avec de la brique et du mortier. La chapelle Saint-Étienne est sans conteste une charmante et très vieille dame qui mérite bien qu'on lui rende visite.

Un boulodrome typiquement nantais

Café Le Point de jeux
23, rue du Port-Guichard
Quartier **MALAKOFF – SAINT-DONATIEN** ◆ SAINT-DONATIEN
Bus 52-70, arrêt Lemoine
Tél. 02 40 74 09 87
Ouvert du lundi au vendredi de 14h à 2h,
le samedi de 17h à 2h, fermé le dimanche

Pour dénicher ce petit café resté « dans son jus », il faut être soit un habitué des lieux, soit un curieux averti. En haut de la rue du Port-Guichard, située à deux pas du pont de la Tortière, l'estaminet passerait inaperçu si une pancarte n'annonçait pas « Jeux ». Une fois franchi le seuil, le visiteur entre dans un décor inchangé depuis les années 1960. Là, point de chichis, tout le monde se tutoie et la poignée de main est de rigueur. Rapidement, le nouvel arrivant comprend que tout se joue dans l'arrière-salle de vastes dimensions, qui abrite une belle piste de boule nantaise.

Joli conte ou réalité, le jeu de la boule nantaise serait né au fond des cales de péniches. Ce seraient donc les marins en mal d'occupation qui auraient inventé ce plaisant divertissement. Toujours est-il que ce jeu, au début du XXe siècle, avait ses adeptes. Ces derniers, de plus en plus nombreux, s'organisaient en amicales en vue de participer à la compétition entre boulistes de la ville. Sport ouvrier très populaire dans les années 1960, c'est aussi et surtout une bonne occasion de se retrouver entre copains dans une ambiance conviviale. Il n'est pas rare d'ailleurs que de père en fils on se transmette le plaisir de ce jeu, assurant ainsi la relève.

Les parties se déroulent entre deux équipes de 1, 2 ou 3 joueurs, munis, quel que soit le nombre de joueurs, de 12 boules. Ces dernières, bien que vertes et rouges, sont appelées « noires » et « blanches ». La piste est étonnante avec son sol plat et ses bords incurvés. Le but du jeu est de faire rouler, et non de lancer, les boules le plus près du « petit ». En cas de point litigieux, on utilise une longue paille pour mesurer les distances entre les boules et le petit. À chaque extrémité de la piste, on trouve le « talon », une planche en bois où l'on fait rebondir sa boule quand on veut dégager celles de son adversaire, en langage technique : « faire un talon ». Car, bien sûr, tout un vocabulaire est rattaché à ce jeu qui requiert adresse et sens tactique. Le mieux pour en comprendre les règles est d'assister à une partie ou, pourquoi pas, d'en faire une. De nos jours, plus besoin d'être parrainé par deux membres de l'amicale, le jeu est ouvert à tout le monde, femmes comprises, et ce depuis les années 1990. La boule nantaise se pratique encore dans une dizaine de cafés de la ville.

Dans l'arrière-salle du Point de jeux, ornée de vieux trophées, les passionnés disputent des parties endiablées. L'équipe qui marque zéro point embrasse les fesses de Fanny, jolie effigie peinte dissimulée derrière les portes d'un placard mural… et paye son coup. La fameuse expression « faire Fanny au bar » prend tout son sens dans ce lieu chaleureux.

Cachez cette nudité que je ne saurais voir…

Statue *La Délivrance*
Pointe de l'île Beaulieu
Quartier **ÎLE DE NANTES** ◆ BEAULIEU
Bus 24-52, arrêt Hôtel-de-Région

La Délivrance se dresse à une hauteur vertigineuse à l'extrémité de l'île Beaulieu. Si elle était douée de parole, la statue pourrait narrer les mésaventures qu'elle a connues dès sa naissance, au début du XXe siècle.

À l'origine, elle se nomme *La Victoire* et son pygmalion est Émile Guillaume. Au lendemain de la victoire de la Marne, le sculpteur façonne une femme à la troublante nudité, les bras levés, brandissant une épée. Il expose son œuvre en 1920 au Salon des Artistes français.

À la même époque, la municipalité de Nantes souhaite doter le petit jardin du cours Saint-André d'une belle sculpture. Elle achète alors *La Victoire*, rebaptisée *La Délivrance*, pour la placer devant les plaques mémoriales où sont inscrits les noms des victimes de la Grande Guerre. En présence du ministre de la Guerre et des édiles nantais, la statue est inaugurée solennellement le 17 juillet 1927.

Immédiatement, l'œuvre fait l'objet d'une violente polémique dénonçant son impudeur et son aspect irréligieux. Pendant des mois, les journaux vont la qualifier d'« immonde », entre autres gracieusetés, et les lettres de menace inondent la Mairie. Celle-ci prend alors la décision de la faire surveiller jour et nuit, ce qui n'empêche pas la *Délivrance* d'être, dans la nuit du 11 novembre 1927, victime d'un « attentat ». Sous un prétexte fallacieux, deux hommes sont parvenus à éloigner le planton de garde ; la statue est alors jetée à bas de son socle et rouée de coups… Les coupables se dénoncent quelque temps plus tard ; ils sont au nombre de dix-huit, pour la plupart des notables locaux, tous anciens combattants. Au terme de leur procès, en février 1929, ils sont condamnés à verser des dommages-intérêts destinés à la restauration de l'œuvre qu'ils ont sérieusement endommagée.

En 1937, on replace la sculpture à peu près au même endroit, en prenant bien soin, cette fois, de la jucher à 6 mètres de haut sur un socle de granit. Pendant la Seconde Guerre mondiale, la statue de bronze est descendue de son perchoir, et tout le monde pense qu'elle a été fondue par l'occupant allemand. Restée à l'abri dans les réserves municipales, elle réapparaît en 1984 à l'occasion d'une exposition…

Une nouvelle fois restaurée, elle est finalement installée à la pointe de l'île Beaulieu, à proximité de l'Hôtel de Région. À ce jour, personne ne s'est plaint de sa nudité et nul n'est venu troubler sa retraite.

La boîte bleue

Usine Beghin-Say
45, boulevard Bénoni-Goullin
Quartier **ÎLE DE NANTES** ◆ LES PONTS
Bus 42-52, arrêt Mangin

Dès le XVIIe siècle, le port de Nantes, a bâti en partie sa fortune sur le commerce de l'« or blanc », le sucre de canne rapporté des Antilles dans les cales des navires. Deux siècles plus tard, la ville est le deuxième port de France, et le sucre sa première industrie.

Suite à la crise cotonnière de 1813, Louis Say, issu d'une famille d'industriels du textile, s'installe à Nantes où il reprend une raffinerie de sucre située dans le quartier des Ponts. La nouvelle maison, baptisée « Société Louis Say et Cie », se spécialise dans le raffinage du sucre de canne. La famille Say, évincée de l'usine de sucre nantaise quelques années plus tard, ne revient dans la cité des Ducs qu'en 1934, suite à la faillite de leurs successeurs. Elle entreprend alors l'édification sur les bords de Loire de l'ancienne île Beaulieu d'une nouvelle usine qu'elle devra reconstruire après les bombardements de la dernière guerre.

En 1973, la raffinerie Say fusionne avec Beghin avant d'être reprise à l'aube du XXIe siècle par le groupe Tereos. Qu'importe son nom, pour les Nantais, elle reste à jamais Beghin-Say, l'usine aux bâtiments bleus. Elle puise l'eau de la Loire dont elle a besoin et produit sa propre électricité. Le sucre est livré en vrac, sale, brut et très roux, puis est transformé en sucre raffiné, ambré ou blanc.

Beghin-Say, avec Saint-Loui, à Marseille, était la dernière raffinerie de sucre de canne de France encore en activité. Malheureusement, la fermeture de celle que certains surnomment la « boîte bleue » est programmée pour l'été 2009.

De la défense à la culture

Blockhaus DY10
10, boulevard Léon-Bureau
Quartier **ÎLE DE NANTES** ◆ PRAIRIE-AU-DUC
Tram 1, arrêt Chantiers-Navals

DY10 ne sont pas seulement les coordonnés d'un repère cadastral, c'est le nom d'un blockhaus de la Seconde Guerre mondiale situé en plein cœur de l'Île de Nantes, sur le site de la Prairie-au-Duc. À proximité des anciens chantiers navals, il a été construit par les Allemands pendant l'Occupation sur un terrain appartenant à l'évêché. Il semblerait que l'édification de cet abri anti-aérien ait été décidée suite aux violents bombardements de septembre 1943, cette pluie de bombes qui s'est déversée sur Nantes, cible de choix, avec son port, ses chantiers navals et ses industries.

Les premiers bombardements de la cité des Ducs commencent en 1941 avec l'explosion du cargo Lesesee amarré à quai, mais, le 16 septembre 1943, c'est l'ensemble de la ville qui est touché. Lors de cette tragique journée, en un quart d'heure, ce sont des centaines de bombes qui sont larguées sur Nantes et ses environs. On dénombre plus d'un millier de morts et bien plus encore de blessés. Plusieurs centaines d'immeubles sont pulvérisés et le port reçoit à lui seul 80 bombes. Une semaine plus tard, par deux fois dans la même journée, ce sont les avions alliés qui bombardent et pulvérisent ce qui n'étaient déjà plus que des décombres. On déplore moins de victimes car, cette fois, la population s'est abritée, mais le port est presque entièrement détruit.

Composé de deux parties identiques, DY10 est constitué de plusieurs pièces aux murs massifs. Il sert à la protection des officiers allemands et des ouvriers travaillant sur le site proche des chantiers navals. Les raids se poursuivent jusqu'à la fin de juillet 1944 et, à la Libération, les Allemands quittent Nantes, laissant derrière eux leurs amas de béton.

À partir des années 1950, les jours de grève, les ouvriers en colère prennent l'habitude de se rassembler sur les marches de DY10 lors de leurs meetings.

Au milieu des années 1990, un groupe d'étudiants des Beaux-Arts et d'écoles d'architecture prennent possession du blockhaus DY10, le détournant au service de la création artistique. Plusieurs associations y sont regroupées et des concerts y sont même parfois organisés.

Régime de bananes

Hangar à bananes
À la confluence du quai des Antilles et du quai Wilson
Quartier **ÎLE DE NANTES** ◆ PRAIRIE-AU-DUC
Tram 1, arrêt Chantiers-Navals

Les bateaux ont depuis longtemps déjà déserté le quai des Antilles et, parmi eux, les navires bananiers qui déchargeaient les balles de fruits exotiques en provenance d'horizons lointains. De ce trafic important, qui participa à la renommée du port, ne subsiste plus aujourd'hui qu'un hangar. L'entrée de ce vaste bâtiment de 7600 m² bâti en 1929 à la pointe de l'île de Nantes est tournée vers l'Atlantique. Si en toutes lettres sur la façade, on peut lire « Hangar Maurice-Bertin » (ancien président de la Chambre de commerce), on l'appelle plus communément « le hangar à bananes ».

Au lendemain de la Seconde Guerre mondiale, le port de Nantes ayant été dévasté, le trafic bananier avec la Guinée redémarre doucement avant de prendre son essor dans les années 1950. La Chambre de commerce décide alors de moderniser cet insolite entrepôt fruitier dont l'architecture reprend les lignes d'un cargo. Entièrement climatisé, il est équipé de norias – tapis roulants à poches ou à godets, sans fin, qui descendent vides dans les cales des navires et remontent pleins du précieux chargement –, ultramodernes pour l'époque.

Les denrées exotiques sont stockées dans le bâtiment avant d'être acheminées rapidement par voies routière et ferroviaire, implantées à proximité, vers la moitié ouest de la France. Nantes est en ce temps-là l'un des terminaux fruitiers les plus importants du territoire. L'indépendance de la Guinée, en 1958, marque le début du déclin de l'activité. La difficulté à trouver de nouveaux débouchés et la rude concurrence des autres ports français ont raison du trafic de bananes qui prend fin au début des années 1970.

L'entrepôt abritera ensuite du sucre pour le compte de la raffinerie Beghin-Say, avant d'être laissé à l'état de friche industrielle. Réhabilité, il est aujourd'hui un des hauts lieux des soirées nantaises. Et si la fête y est reine, désormais, le parfum de l'aventure et du grand large imprègne encore et toujours ce grand navire de pierre.

À dos d'éléphant

Les Machines de l'Île
LES CHANTIERS • BOULEVARD LÉON-BUREAU
Quartier **ÎLE DE NANTES** • PRAIRIE-AU-DUC
Tram 1, arrêt Chantiers-Navals
Tél. 08 10 12 12 25
www.lesmachines-nantes.fr
Fermeture annuelle du site des nefs de l'éléphant du 5 janvier aux vacances de février

Sur l'ancien site des chantiers navals de la Prairie-au-Duc, une faune des plus bizarres a élu domicile : des machines extraordinaires, une branche prototype du futur Arbre aux Hérons, qui s'installera à la pointe de l'île Beaulieu en 2013, et autres merveilles. Le seigneur éléphant règne sur cette jungle fantastique. Le magnifique pachyderme, haut de 12 mètres et pesant 45 tonnes, défie les lois de la nature. La bête colossale est une invitation au voyage, le temps d'une balade d'environ vingt minutes sur le site emblématique de l'île de Nantes.

L'animal ressemble étrangement à celui que les Nantais ont vu déambuler dans les rues en 2005, lors d'un spectacle de la célèbre troupe locale Royal de Luxe. Mais, à la différence de son frère, celui-ci a été conçu pour durer. Cette machine vivante est une création artistique unique en son genre, à l'instar des autres présentes sur le site. Ces prodigieuses créatures sont sorties tout droit de l'imagination de François Delarozière et de Pierre Oréfice, grands rêveurs devant l'Éternel.

Deux années de labeur ont été nécessaires pour assembler les milliers de pièces qui constituent l'éléphant. Depuis sa première sortie des anciennes nefs des chantiers, le 30 juin 2007, ce sont plus de 50 000 aventuriers qui l'ont expérimenté. À son bord, une trentaine de passagers peuvent savourer la promenade et même actionner ses mécanismes. Pour ceux qui souffrent du vertige, observer depuis le sol le noble pachyderme suffit déjà pour être au cœur du spectacle. Il barrit et fait jaillir de l'eau de sa trompe, mobile comme ses paupières et ses yeux plus vrais que nature. Le soir, après avoir ravi petits et grands, l'éléphant regagne les halles afin de s'abandonner à un sommeil réparateur. Et, chaque année, il fait une cure de repos bien méritée…

Les sœurs Titan

Grues Titan
Quai des Antilles et quai Wilson
Quartier **ÎLE DE NANTES** ◆ PRAIRIE-AU-DUC
Tram 1, arrêt Chantiers-Navals

L'une est jaune, l'autre grise. Une des deux silhouettes rappelle une fusée, l'autre, une sauterelle. Elles n'ont ni le même âge ni la même hauteur et n'ont pas eu la même fonction. Pourtant, ces grues Titan sont aujourd'hui toutes deux de véritables emblèmes de la ville. Ce type de modèle, produit en majorité en France par la société nantaise Joseph-Paris, porte le nom de Titan en référence à sa puissance de levage. La jaune, la plus ancienne, est mise en service en 1954 sur les chantiers navals installés sur la Prairie-au-Duc. Haute de 34 mètres, d'une puissance de levage de 80 tonnes, elle porte les éléments préfabriqués servant à la construction des bateaux, dont la rampe de lancement se trouve d'ailleurs à ses pieds. À la fermeture des chantiers, en 1987, elle est rachetée par la Mairie qui souhaite conserver cet important symbole du patrimoine industriel. La grise a failli partir à la casse, mais a finalement été rachetée pour un euro symbolique par la municipalité en 2005 et classée Monument historique. À une centaine de mètres de son aînée, elle s'élève à 43 mètres au-dessus du quai Wilson, face à l'ancien hangar à bananes. Mise en service en 1966, elle pouvait soulever des charges titanesques pour l'époque, ce qu'elle a continué à faire pour les besoins du port jusqu'en 2003...

Baptême de l'eau

Cales à bateaux
Quai des Antilles
Quartier **ÎLE DE NANTES** ◆ PRAIRIE-AU-DUC
Tram 1, arrêt Chantiers-Navals

La date du 3 juillet 1987 restera à jamais gravée dans la mémoire des Nantais : ce jour-là, le *Bougainville*, dernier grand navire construit sur le site de la Prairie-au-Duc, prend le large pour Saint-Nazaire (où il fera l'objet d'ultimes finitions) sous les yeux de nombreux spectateurs particulièrement émus. Nantes la maritime vit alors son dernier jour et tourne la page de siècles d'activités, marquées par la construction navale.

L'existence d'un port est attestée dès l'Antiquité, mais ce n'est qu'à la fin du Moyen Âge que se développe la construction de bateaux, notamment pour le commerce du sel, du blé et du vin. Au fil des siècles, la ville s'étend et les chantiers de construction navale, qui nécessitent beaucoup d'espace, se déplacent toujours plus loin : au Port-au-Vin (actuelle place du Commerce), puis à la Fosse, à la Chézine, enfin sur Chantenay et l'île de la Prairie-au-Duc. Le port de Nantes prend son essor au XVIIe siècle en équipant une puissante flotte de navires. Sa situation géographique s'y prête : il se trouve à 56 kilomètres de la mer et constitue le point de rencontre de la basse Loire maritime avec la basse Loire fluviale. De plus, la cité est située à la confluence de la Loire, de l'Erdre et de la Sèvre Nantaise. Au XIXe siècle, la construction navale se développe considérablement avec l'apogée des Chantiers Dubigeon, installés à Chantenay depuis la seconde moitié du XVIIIe siècle. Ils sont concurrencés par les Ateliers et Chantiers de la Loire (ACL) et les Ateliers et Chantiers de Bretagne (ACB) qui s'installent à la fin du XIXe siècle sur la Prairie-au-Duc. Le déclin des Chantiers Dubigeon les pousse à fusionner avec les ACL en 1914, sous la dénomination d'Anciens Chantiers Dubigeon. Par la suite, la restructuration industrielle des années 1960 conduit les deux chantiers de la Prairie-au-Duc à se fondre en un seul sur un territoire de 25 hectares. Les activités navales dérivant peu à peu vers le port de Saint-Nazaire, la formidable aventure industrielle prend fin en 1987 avec la fermeture des derniers chantiers du site nantais.

Les ouvriers ont quitté les lieux, plus personne ne vit au rythme de la navale, et la kyrielle de hangars alignés les uns contre les autres a disparu. De ce passé industriel ne restent que quelques souvenirs, dont les deux cales, longues d'environ 190 mètres (construites en 1918 par les Ateliers et Chantiers de la Loire et situées de part et d'autre de la grue Titan jaune) qui ont permis le lancement de tant et tant de bateaux…

« *Il est 4 heures, à la bonne heure...* »

Ancienne Biscuiterie Nantaise
Place François-II
Quartier **ÎLE DE NANTES** ◆ PRAIRIE-AU-DUC
Bus 58, arrêt Maison-des-Syndicats

Ce refrain vantant les mérites du fameux « Choco BN », le biscuit des écoliers à l'heure de la récré, a été sur toutes les lèvres enfantines. C'est dans ce bâtiment à l'ordonnancement classique qu'est né ce produit phare de la Biscuiterie Nantaise. La fondation de la célèbre enseigne remonte à 1897, lors du regroupement de plusieurs négociants nantais s'alliant pour concurrencer la fabrique de gâteaux Lefèvre-Utile, aujourd'hui mondialement connue sous l'appellation LU. Contrairement à la maison mère artisanale des « petits-beurre », la BN est, dès son origine, conçue pour la production industrielle.

Le tout premier atelier de la biscuiterie, construit en bois, fonctionne pendant un an avant qu'un incendie le détruise. Il est remplacé par un autre édifice qui lui aussi finira dans les flammes. Décision est donc prise, en 1904, de faire construire une usine en béton armé, une des premières de la région. Le bâtiment d'angle de la place François-II date de cette époque.

En 1922, la BN connaît son premier succès avec le lancement du « casse-croûte BN », héritier d'une tradition de savoir-faire acquise pendant la Première Guerre mondiale, durant laquelle l'usine réquisitionnée fabrique du pain de guerre pour les Poilus. À la suite de quoi l'entreprise obtient un gros contrat avec l'armée américaine à qui elle fournit des biscuits produits en masse. En 1933, la marque prend son essor en commercialisant le désormais indétrônable « Choco BN ». L'industrie prospère, déménage ses locaux à Vertou en 1968 ; son biscuit vedette s'enrichit de cinq nouveaux parfums avant d'être « relooké » en 1993 et de s'orner d'une frimousse enfantine stylisée. À l'époque où elle s'installe dans la zone industrielle vertavienne, la Biscuiterie Nantaise a cédé à la concurrence et est devenue une multinationale à capitaux majoritairement américains. L'ancien bâtiment de la Prairie-au-Duc, réhabilité et surmonté d'un second étage, accueille maintenant la direction technique de La Poste.

De l'État aux syndicats

Ancienne gare de Nantes-État
Boulevard de la Prairie-au-Duc
Quartier **ÎLE DE NANTES** ◆ PRAIRIE-AU-DUC
Bus 58, arrêt Maison-des-Syndicats

Le choix de construire sur le site de la Prairie-de-Mauves la gare d'Orléans, aujourd'hui disparue, fut désastreux puisqu'il fallut saccager les quais pour relier la gare au port maritime du fleuve. Afin de ne pas reproduire la même erreur, il fut donc décidé que la future gare de l'État serait implantée sur le site industriel de la Prairie-au-Duc, endroit jugé idéalement situé, non loin du centre-ville, avec un accès direct à la Loire.

Au début des années 1880, Nantes, souhaitant se doter d'une gare digne d'une grande ville, fait concevoir un bâtiment monumental de 120 mètres de longueur avec deux ailes en retour et un pavillon central orné d'un magnifique fronton sculpté comportant une horloge. Les travaux commencent en 1884, et la gare prend le nom de Nantes-État. On construit également un tronçon de 4,9 kilomètres afin de la relier à la gare d'Orléans. En 1887, la nouvelle gare accueille les premiers voyageurs qui peuvent emprunter la ligne de liaison avec Pornic et les plages de la côte de Jade, au sud de l'estuaire de la Loire. Dans la moitié du XXe siècle, elle est transformée en gare de marchandises, en lien avec le caractère industriel du site. Mais son activité décroissant, on décide de la fermer dans les années 1980. Désaffectée, elle aurait pu être la proie des entreprises de démolition si des passionnés du patrimoine nantais n'avaient mené un âpre combat pour sa sauvegarde, et convaincu la municipalité de la réhabiliter. Le projet est confié à l'architecte parisien Alexandre Chemetoff qui lui offre une nouvelle vie en la convertissant en Maison des syndicats. Les prolongements modernes à l'extrémité de chaque aile ancienne n'altèrent en rien l'harmonie de cet ultime exemple d'architecture ferroviaire du XIXe siècle implanté dans la ville.

Un zélé bâtisseur

Église Sainte-Thérèse
Route de Vannes
Quartier **BREIL – BARBERIE** ◆ ROND-POINT DE VANNES
Tram 3, arrêt A.-Vincent-Sainte-Thérèse

Vaste vaisseau entièrement réalisé en brique, l'église Sainte-Thérèse est de facture peu commune dans la région. Le chanoine Larose, son instigateur, souhaita en effet que le sanctuaire de sainte Thérèse soit édifié en brique rouge, en référence à la « pluie de roses » promise par la sainte, et par admiration pour la cathédrale Sainte-Cécile d'Albi.

Louis Larose naît en 1888, année d'entrée au carmel de Lisieux de la future sainte. De vocation précoce, le religieux éprouve un attrait pour la spiritualité thérésienne. C'est pourquoi, en 1932, lorsqu'il est chargé d'organiser la nouvelle paroisse du quartier Vannes-Lonchamp – alors en périphérie de la ville –, il dédie tout simplement son église à Sainte-Thérèse de l'Enfant-Jésus.

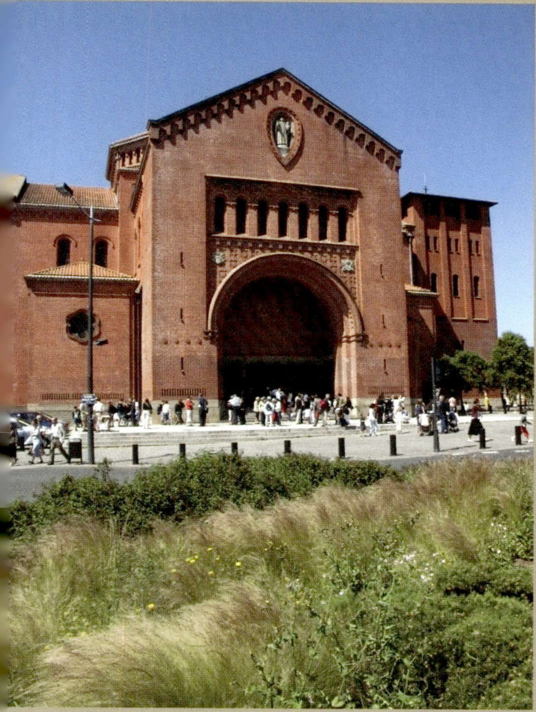

L'abbé Larose imagine un sanctuaire à l'italienne, avec campanile et coupole. En compagnie de l'architecte Ménard, il visite les tuileries du Nord et fait venir des briques de Beauvais. En attendant que l'édifice surgisse de terre, le prêtre se contente d'une église provisoire en bois. En fait, celle-ci va rester en service pendant plus de vingt-cinq ans !

Les travaux de la nouvelle église commencent en 1939, vite ralentis par la guerre et le manque d'argent. Puis, lors des bombardements de 1943, une seule bombe s'abat sur le chantier mais elle occasionne de tels dégâts qu'il faut reprendre les travaux depuis les fondations. Seule la statue de sainte Thérèse demeure intacte au milieu des ruines.

Après une vie de travail, le chanoine Larose tombe malade et meurt en 1956, quatre ans avant la consécration de son église de style romano-byzantin. Outre cette splendeur architecturale si particulière, on doit au religieux bâtisseur le presbytère et les écoles Sainte-Agnès et Théophane-Vénard, le tout formant un ensemble de bâtiments en brique dont la couleur tranche sur le paysage urbain.

En souvenir d'un odieux impôt

Ancien octroi
96, boulevard Robert-Schuman
Quartier **BREIL – BARBERIE** ◆ SCHUMAN
Bus 12-32, arrêt Rennes-Longchamp

Jadis, pour entrer dans les villes, il ne fallait pas montrer patte blanche, mais payer l'octroi. Il en était ainsi à Nantes, où, pour être autorisées, diverses marchandises y étaient soumises. Il s'agissait d'un impôt municipal indirect issu du droit féodal, taxe sur les denrées qui constituait un revenu essentiel pour la Ville, qui exploitait au siècle dernier plus d'une quinzaine de bureaux d'octroi.

L'un d'entre eux, construit en 1911, est situé à l'angle du boulevard Robert-Schuman et de la rue Léon-Jost. Sa façade de pierre est ornée d'une sculpture représentant les armes de la Ville ceintes d'une couronne. L'ensemble est accompagné d'une banderole où on peut lire : « *Favet Neptunus Eunti* » (« Neptune favorise les audacieux »), devise de Nantes apparue sous la Restauration. Les grilles des fenêtres évoquent le souvenir de l'ancienne administration financière, tandis que le nom « Octroi de Nantes » a subsisté, gravé dans un bandeau de tuffeau.

Au cours du XIXe siècle, la suppression de l'octroi, considéré « comme l'impôt le plus odieux infligé aux populations », avait été maintes fois abordée au sein du Conseil municipal. Il a fallu attendre la réforme fiscale de 1948 pour qu'il soit définitivement supprimé à Nantes, alors qu'il avait été aboli dès 1927 à Saint-Nazaire. Ce bureau d'octroi, reconverti depuis de nombreuses années en bibliothèque de prêt privée, est donc le témoin d'une pratique archaïque et heureusement révolue.

Le Petit-Port de la mémoire

Stèle en l'honneur de Louis Schloessinger
Au début du boulevard des Tribunes
Quartier **NANTES NORD** ◆ PETIT-PORT
Tram 2, arrêt Morrhonnière-Petit-Port

Le quartier du Petit-Port est un haut lieu de la vie estudiantine nantaise. C'est à cet endroit que se trouvent les facultés et une importante zone de loisirs au bord de la rivière le Cens. À proximité, la propriété communale du Petit-Port invite à la promenade et à la découverte du site. Les Nantais du XIXe siècle arrivaient en bateau et débarquaient au Petit-Port pour assister aux courses de chevaux à l'hippodrome, créé en 1875. Le promeneur remontant le boulevard des Tribunes en direction de l'hippodrome ne manquera pas de remarquer un bloc de granit. Il s'agit-là d'une stèle élevée à la mémoire du capitaine Schloessinger le 2 décembre 1934. L'œuvre de l'architecte Camille Robida est aujourd'hui lacunaire ; il manque en effet le buste en bronze du brave soldat, très probablement fondu durant la Seconde Guerre mondiale.

Le monument salue l'action militaire et sociale de Louis Schloessinger, brillant soldat et grand invalide de la guerre 14-18, au cours de laquelle il perdit les deux mains et l'œil droit. Une fois la paix revenue, surmontant son infirmité par l'action, il crée le Groupement départemental de l'Union nationale des mutilés et réformés de guerre.

Ce fut donc un juste honneur d'élever un monument à cet homme, vaillant militaire qui avait bien connu le terrain du Petit-Port : c'était un champ de manœuvres où l'armée continuait de s'entraîner en 1933, année de sa mort.

Havre de paix pour travaux scientifiques

Ancien observatoire du Petit-Port
Boulevard des Tribunes
Quartier **NANTES NORD** ◆ PETIT-PORT
Tram 2, arrêt Morrhonnière-Petit-Port

Non loin de la stèle élevée en l'honneur du capitaine Schloessinger (voir p. 153) se dresse une bien jolie demeure. C'est un petit manoir, ceint de hauts murs, autrefois maison de campagne des oratoriens avant d'appartenir durant un temps au Dr Guillaume-François Laennec. Celui-ci y accueillera notamment son neveu René-Théophile-Hyacinthe Laennec, futur médecin et inventeur du stéthoscope. Cet édifice porte d'ailleurs depuis très longtemps le nom de « manoir du docteur Laennec », un des plus illustres de ses propriétaires. Par la suite, la famille se sépara de la propriété qui fut transformée en observatoire météorologique en 1891.

À l'époque, c'est encore la campagne et la verdure y est beaucoup plus foisonnante. L'isolement géographique attire les savants qui pensent pouvoir mener là en toute quiétude leurs travaux scientifiques. Cet observatoire sert alors principalement à récolter des informations permettant l'étude du champ magnétique terrestre, liée en partie à la prospection minière. À sa création en cette fin de XIXe siècle, il n'existe en France que deux observatoires magnétiques, le second étant situé dans le parc de Saint-Maur, en région parisienne.

Le manoir du Petit-Port remplit son office de lieu d'étude du ciel pendant près de quatre-vingts ans avant d'être délaissé. En effet, les années passant, la ville grignote la campagne et apporte son lot de désagréments : circulation automobile, lignes à haute tension… L'observatoire cesse donc d'être un havre de paix propice aux enregistrements magnétiques. Heureusement, la vieille bâtisse, restaurée par la Ville en 1993, connaît aujourd'hui une nouvelle jeunesse car elle accueille désormais un centre de loisirs.

L'antre du « péril jaune »

Ancien dépôt de tramways
Boulevard Michelet
Quartier **NANTES NORD** ◆ PETIT-PORT
Tram 2, arrêt Morrhonnière-Petit-Port

Depuis 1985, les tramways – désormais blancs à bandeau vert – font de nouveau partie du paysage nantais. Les voitures de la ligne des Facultés longent comme autrefois le dépôt de la Morrhonnière, mais ce n'est plus là qu'elles vont se garer à la fin du service.

Nantes a toujours innové en matière de transports en commun. Au début du XIXe siècle, c'est la première ville française sillonnée par les omnibus (voir p. 64). En 1879, ce premier « autobus » tiré par des chevaux est détrôné par l'apparition du tramway à air comprimé et, une fois de plus, Nantes est à la pointe du progrès avec cette invention signée Louis Mékarski.

Après de nombreuses années de bons et loyaux services, ce tramway rouge cède la place au tramway électrique, couleur jaune beurre et surnommé « le péril jaune » par les Nantais. Il est inauguré en 1913 ainsi que le bâtiment destiné à accueillir les motrices.

Pour la construction de son vaste garage, la Compagnie des tramways nantais requiert les services de l'architecte de la Ville Étienne Coutan. Celui-ci s'inspire de modèles industriels anglais et allemands tout en conservant à l'édifice son identité régionale. L'architecture du dépôt est impressionnante tant dans sa conception que dans ses proportions : il s'étend sur 11 000 m² et son vaste hall aux nombreuses travées vitrées peut accueillir jusqu'à 50 tramways. Le reste de l'édifice abrite les services administratifs, les ateliers et des logements de fonction.

Le tramway électrique connaît de beaux jours jusqu'en 1943, date à laquelle son réseau est fortement endommagé par les bombardements. Pour pallier la pénurie de transports occasionnée, les premiers autobus circulent à Nantes en 1947. Ce nouveau moyen de locomotion connaissant un grand succès auprès des usagers, la Ville décide alors, en 1958, de cesser l'exploitation du tramway. Le dépôt de la Morrhonnière sert par la suite de garage pour les bus de la Ville puis est délaissé avant d'accueillir différents services de l'Académie de Nantes, notamment le SUIO (Service universitaire d'information et d'orientation).

Encore une fois, c'est Nantes, la pionnière, qui a remis au goût du jour ce si agréable moyen de transport qu'est le tramway, dont le réseau actuel couvre 43 kilomètres.

Lourdes modèle réduit

Grotte de Notre-Dame-de-Lourdes
Chemin de la Grotte
Quartier **NANTES NORD** ◆ PONT DU CENS
Bus 25-32-87-96, arrêt Pont-du-Cens

À quelques pas de la massive église du Pont-du-Cens, un petit chemin mène le promeneur dans les anciennes carrières du Cens, une des coulées vertes de la ville le long de laquelle il pourra découvrir la grotte de Notre-Dame-de-Lourdes. Cette cavité, taillée à même la roche, possède un charme un peu « kitsch », avec ses ex-voto, ses dessins naïfs et sa petite Vierge perchée en hauteur. Cette grotte est l'œuvre de l'abbé Ollivier, curé de la paroisse du quartier, qui, en 1936, a l'idée de cette réplique en miniature de la grotte de Massabielle à Lourdes. D'ailleurs, l'église en béton datée des années 1930 située à proximité est consacrée à Notre-Dame-de-Lourdes-du-Pont-du-Cens.

Pendant l'Occupation, le départ pour le pèlerinage diocésain à Lourdes est interdit par les autorités allemandes. Qu'à cela ne tienne, le rassemblement des 7 000 fidèles a lieu à la grotte du Pont-du-Cens, devenue un lieu de culte dédié à la Vierge Marie. À la fin de la guerre, la cathédrale de Nantes, endommagée par les bombardements, ne pouvant accueillir la statue de Notre-Dame de Boulogne – œuvre religieuse célébrant le troisième centenaire du vœu de Louis XIII de placer la France sous le patronat de la Vierge –, la statue est acheminée à Notre-Dame-de-Lourdes où une grand-messe rassemble 20 000 personnes devant la grotte. L'affluence grandissante des croyants venant implorer Notre-Dame-de-Lourdes conduit, en 1958, à la création d'un pèlerinage annuel. La renommée est telle que les malades et les infirmes viennent de tout le département et de plus loin encore.

Depuis, chaque année, le 8 septembre – fête de la Nativité de Marie –, les fidèles de la petite grotte nantaise, à l'instar des pèlerins de Lourdes, se recueillent dans une foi fervente.

Une simple petite maison de planches

Maison ouvrière des Batignolles
30, boulevard des Batignolles
Quartier **NANTES ERDRE** ◆ LES BATIGNOLLES
Tram 1, arrêt Halvêque
Visite avec la Fédération des amis de l'Erdre :
02 40 50 06 52 ou 02 40 49 68 51

Cette pimpante petite maison de bois peinte en rouge n'est pas une authentique rescapée des cités ouvrières des Batignolles, mais une reconstitution datée 2006 et inaugurée la même année par le maire de Nantes lors des Journées du Patrimoine.

La Compagnie générale de construction de locomotives Batignolles-Châtillon s'implante, en 1918, au nord-est de l'agglomération nantaise. Deux ans plus tard, devant la crise du logement, la société fait bâtir par l'entreprise angevine Bessonneau 450 pavillons à proximité de ses installations industrielles. Édifiées sur un terrain de 30 hectares, les petites maisons préfabriquées sont regroupées en trois cités : la Halvêque, la Baratte et le Ranzay. C'est ainsi que naît le quartier des Batignolles, qui se dote également d'un foyer pour célibataires, d'un restaurant, d'une salle des fêtes, d'un dispensaire, d'une école, d'une église et d'un lavoir. Construits en bois, les logis ouvriers sont coiffés d'un toit d'ardoise et pourvus d'un jardinet destiné à la culture potagère. L'intérieur comporte généralement trois pièces, mais les sanitaires sont à l'extérieur. Et si le confort est relativement sommaire, l'organisation de ces cités ouvrières demeure conviviale.

Au début des années 1970, les pavillons sont jugés vétustes et démolis pour être remplacés par du logement social collectif. À la fin des années 1990, la destruction du dispensaire et du cinéma des Batignolles soulève des protestations chez les « anciens » des cités et les associations du quartier. De la volonté de perpétuer cette mémoire ouvrière naît alors le projet de réaliser une réplique. La Mairie accepte de prendre en charge le financement de la construction qui sera effectuée dans les ateliers municipaux, sous la direction de l'architecte Yolande Ceineray.

On s'est efforcé de retrouver la couleur d'origine des façades et on a même planté, comme autrefois, des roses pompons. Toutefois, l'intérieur ne comporte pas de cloison, et seul un tracé au sol montre qu'il s'agit d'un quatre-pièces. Mais la petite maison en planches s'affirme bien comme un émouvant témoignage du passé ouvrier du quartier et un lieu de convivialité.

Vieilles branches

Châtaignier de l'Éraudière
Rue Coetquelfen
Quartier **NANTES ERDRE** ◆ L'ÉRAUDIÈRE
Bus 22-52, arrêt Éraudière

Le temps a passé et l'on a dû, pour le sauver, l'amputer de plusieurs branches et l'entourer de barrières de protection… C'est qu'il n'est pas jeune, le châtaignier de l'Éraudière ! On dit même qu'il serait le doyen de ceux de la Loire-Atlantique.

On fait remonter sa plantation à l'an 756, sous le règne de Pépin le Bref. L'arbre se trouve alors au cœur d'un verger appartenant à l'ancienne abbaye Saint-Rogatien, entourée de marais et de forêts. Puis le château de l'Éraudière se substitue à l'abbaye.

En ce temps-là, le peuple est très pauvre et la famine guère exceptionnelle. Il est probable qu'en période de disette, les fruits de cet arbre aient nourri les paysans travaillant sur les terres du châtelain.

Il était alors courant, à la campagne, de planter ces arbres nourriciers, qu'on appelait d'ailleurs « arbres à pain ». Non seulement les châtaignes constituaient la base de l'alimentation, mais le bois de châtaignier – de bonne qualité et facile à fendre – était très recherché pour la fabrication des échalas, ces pieux utilisés pour soutenir les ceps de vigne.

Le châtaignier du domaine de l'Éraudière a continué de croître paisiblement au fil des siècles. Et puis, peu à peu, la ville s'est étendue, faisant reculer la campagne. L'Éraudière n'a pas échappé à cette évolution et, dans les années 1990, le vieil arbre s'est retrouvé cerné par les maisons des résidences nouvelles.

On a cependant pris soin de conserver un carré d'espace vert autour de ce vénérable sujet aux dimensions impressionnantes : 12 mètres de hauteur, 16 mètres d'envergure pour la ramure et 10 mètres de circonférence pour son tronc spiralé. Le terme d'« architecture végétale » n'est pas exagéré pour désigner ce spécimen exceptionnel.

« 25, rue de la Grange-au-Loup, je m'en souviens du rendez-vous »

Statue de Barbara
9-11, rue de la Grange-au-Loup
Quartier **NANTES ERDRE** ◆ SAINT-JOSEPH DE PORTERIE
Bus 22, arrêt Linot

Rue de la Grange-au-Loup, non pas au n° 25, mais entre les nos 9 et 11, dans l'allée Barbara, se dresse une petite statue de cette grande dame de la chanson française. Cette rue, dont le nom naquit de l'imagination de la chanteuse, évoque son rendez-vous manqué avec son père, qui décède à Nantes un jour de décembre 1959. Avant de rendre son dernier souffle, Jacques Serf a souhaité revoir sa fille qui, malheureusement, arrive trop tard pour lui dire au revoir. Au lendemain de l'enterrement où « Il pleut sur Nantes », Barbara entreprend l'écriture de *Nantes*, texte qui exprime son chagrin et ses regrets d'avoir raté ce dernier rendez-vous, « 25, rue de la Grange-au-Loup ».

Barbara, de son vrai nom Monique Serf, naît en 1930 dans une famille d'origine alsacienne. Du fait de ses origines juives, elle déménage fréquemment au cours de la Seconde Guerre mondiale. La jeune fille révèle très tôt des aptitudes pour le chant et le piano. Après quelques cours, elle débute une carrière sous le surnom de la « chanteuse de minuit ». La reconnaissance du public survient la trentaine passée, et elle choisit alors « Barbara » pour nom de scène. De son répertoire musical empreint de lyrisme et de mélancolie, *Nantes* est probablement l'une des plus émouvantes chansons. Elle y met en lumière une partie de son enfance, l'abandon par son père, « ce vagabond » qui, apprendra-t-on plus tard, a eu des gestes déplacés envers sa fille. Le 22 mars 1986, Barbara, en compagnie de l'acteur Gérard Depardieu, assiste, dans le quartier Saint-Joseph-de-Porterie, à l'inauguration officielle de la rue de la Grange-au-Loup. Le père de la chanteuse aurait vécu les derniers temps de sa vie à proximité de cet endroit. Quatorze ans plus tard, la statue et l'allée Barbara sont à leur tour inaugurées. Bel hommage à la « dame en noir » dont la voix et les textes emmènent si près des larmes.

Miroir d'eau

Bassin de l'Aubinière
Rue Sassafras (débouchant sur la promenade de l'Aubinière qui longe le bassin)
ZAC du Bois-Briand
Quartier **DOULON – BOTTIÈRE** ◆ LE BOIS-BRIAND
Bus 82, arrêt Bois-des-Anses

C'est au-delà de la porte de Sainte-Luce, mais bien avant la petite commune du même nom, que s'étend la Zone artisanale et commerciale (ZAC) du Bois-Briand, sur l'ancienne commune indépendante de Doulon. Depuis 1908, date de son rattachement à la ville, celle-ci est devenue un des quartiers de Nantes, qui fait aujourd'hui l'objet d'une mise en valeur.

Au début du XVe siècle, sur la terre noble du Bois Briand, le sieur Geoffroy Resmond se fait construire un petit manoir au bord d'un bras de la Loire, à l'embouchure de l'Aubinière. À la fin du siècle, le lit du fleuve s'est éloigné, mais le petit château reste, au cours des deux suivants, une maison de plaisance. On peut toujours admirer, et même visiter, cette ancienne propriété privée en parcourant la promenade publique de l'Aubinière, toute récente création du service des Espaces verts de la Ville.

C'est avec ravissement que le promeneur découvrira, restauré et remis en eau, l'ancien bassin d'agrément du domaine, dont la réhabilitation a demandé plusieurs années de travail.

Réalisé à la fin du XVIIe siècle, ce bel élément architectural, parfois appelé « canal », constituait un miroir d'eau pour la demeure. Il est flanqué de banquettes en pierre semi-circulaires qui devaient permettre aux invités d'assister à des jeux nautiques. La pièce d'eau aurait également servi, au XVIIIe siècle, de vivier pour la pêche.

De dimensions plus que respectables – 105 mètres de longueur sur plus de 15 mètres de largeur –, elle est alimentée par l'Aubinière qui, de rivière, est devenue ruisseau. Sa faible profondeur est favorable à l'installation d'une flore aquatique parmi laquelle les grenouilles coassent en chœur. Des poissons devraient bientôt venir les rejoindre.

Un domaine colonial

Parc du Grand-Blottereau
Boulevard Auguste-Peneau
Quartier **DOULON – BOTTIÈRE** ◆ LE GRAND BLOTTEREAU
Bus 12, arrêt Grand-Blottereau
Ouvert tous les jours de l'année. Printemps et automne : de 8h45 à 18h ; été : de 8h45 à 19h30 ; hiver : de 8h45 à 17 h
Visite des serres tropicales : tél. 02 40 41 90 09

L'élégant château du Grand-Blottereau, situé sur l'ancienne commune de Doulon, a été construit au milieu du XVIIIe siècle dans le style classique. Cette demeure est un bel exemple des « folies » que les riches citadins se faisaient alors bâtir dans les environs de Nantes et dont une trentaine ont subsisté.

Le bâtiment, entouré d'un parc somptueux, a connu différents propriétaires privés. Le dernier en date est le riche armateur et collectionneur nantais Thomas II Dobrée, qui l'acquiert en 1835. À sa mort, en 1895, la gestion de ses nombreux biens est confiée à son légataire universel, l'architecte Durand-Gasselin. Dix ans plus tard, celui-ci fait don à la Ville de Nantes de l'ensemble du domaine « à condition d'en faire une école coloniale comprenant un jardin botanique de plantes tropicales ainsi qu'un musée colonial dans le château ». Le reste du parc doit être ouvert à tous.

L'École supérieure de commerce, qui a installé, dès 1902, sa chaire d'Agronomie coloniale dans la propriété, fait construire des « serres coloniales » qui, avec la perte progressive des colonies, sont intégrées au patrimoine municipal et deviennent « tropicales ».

Le château va, au fil des ans, connaître différentes affectations – tour à tour musée, hôpital militaire, Maison de l'Enfance, entre autres –, et il est, à ce jour, en attente d'un nouvel aménagement intérieur.

Avec ses 37 hectares, le parc du Grand-Blottereau est l'un des plus vastes de Nantes et l'un de ceux où il est le plus agréable de flâner. On peut visiter les serres, qui abritent une collection unique en France de plantes utilitaires exotiques (riz, coton, café, etc.). Chaque année, le deuxième week-end de septembre, le public s'y donne rendez-vous pour la « Folie des Plantes ». Lors de l'édition 2006 a été inauguré un jardin coréen, que sa superficie d'un hectare fait actuellement le plus grand d'Europe.

L'ancêtre du congélateur

Glacière du parc du Grand-Blottereau
Boulevard Auguste-Peneau
Quartier **DOULON – BOTTIÈRE** ◆ LE GRAND BLOTTEREAU
Bus 12, arrêt Grand-Blottereau
Ouvert tous les jours de l'année. Printemps et automne : de 8h45 à 18h ;
été : de 8h45 à 19h30 ; hiver : de 8h45 à 17 h
Visite des serres tropicales : tél. 02 40 41 90 09

L'invention du réfrigérateur va rendre obsolète l'usage de la glacière du Grand-Blottereau… En effet, dans ce puits semi-souterrain, construit à la fin du XVIIIe siècle, on emmagasinait la neige en hiver pour la réutiliser, l'été, sous forme de glace afin de rafraîchir les boissons, confectionner des sorbets, conserver les denrées périssables.

La neige y était tassée par couches successives parsemées de feuilles ou de paille jusqu'au niveau supérieur, et le tout recouvert d'un toit de branchages.

Bien que l'on ait su aménager des puits à glace dès l'Antiquité, c'est au XVIIe siècle que le commerce de ce produit de luxe prendra un véritable essor.

On trouve souvent des glacières au nombre des « fabriques » qui agrémentent les parcs des châteaux. Celle du domaine du Grand-Blottereau est, comme il se doit, aménagée non loin de la demeure, dans un coin ombragé de la propriété. Le petit édicule est doté de parois très épaisses, et un toit de tuiles assure l'étanchéité de la construction. On accède au puits à glace par un sas, qui limite la pénétration de l'air chaud. On préconisait quand même d'attendre la fraîcheur de la nuit tombée pour y effectuer des prélèvements.

Alors que beaucoup de ces curiosités n'ont pas survécu aux outrages du temps, la glacière du Grand-Blottereau nous est parvenue, et a eu la chance d'être restaurée dans les règles de l'art. Elle constitue même le plus remarquable spécimen conservé dans la région.

Une école pas si « old school »

École François-Dallet
148-150, boulevard des Poilus
Quartier **DOULON – BOTTIÈRE** ◆ LA NOÉ-LAMBERT
Bus 70, arrêt Noé-Lambert

Avec ses airs de cottage anglais et son cadre de verdure, le groupe scolaire du boulevard des Poilus donnerait presque envie de retourner sur les bancs de l'école.

Construit en 1911, cet ensemble scolaire, plutôt révolutionnaire pour l'époque, est l'œuvre de l'architecte nantais Étienne Coutan, un novateur épris de régionalisme et d'architecture végétale.

Il conçoit une école maternelle mixte et deux écoles primaires – l'une destinée aux filles, l'autre aux garçons –, sous forme de bâtiments appareillés en pierre locale et reliés entre eux par des espaces verts. Au milieu de la composition, un pavillon orné d'un fronton décoré constitue le logement du concierge. De chaque côté, un autre plus élevé abrite les appartements directoriaux. Un simple muret sépare l'école de la rue.

Le soin apporté à cette réalisation fait de Coutan un authentique créateur. C'est d'ailleurs à sa main que l'on doit le beau fronton ornant le bâtiment central : la composition illustre les bonheurs de la scolarité pour les filles et les garçons… vision idéalisée d'un temps révolu. Au centre, figure l'ancien blason de la Ville de Nantes portant la fameuse devise « *Favet Neptunus Eunti* » (« Neptune favorise les audacieux »).

Cette école remarquable porte le nom d'un homme qui ne l'est pas moins, François Dallet. Rendu aveugle au cours de la Première Guerre mondiale, cet instituteur est l'un des premiers enseignants à reprendre sa profession au lendemain du conflit. Bon pédagogue, il dispense un enseignement d'une qualité telle que le nombre d'élèves augmente régulièrement. Devenu directeur de l'établissement, il crée, avec l'aide du corps enseignant et des parents d'élèves, une Amicale offrant aux enfants des activités variées. Il prend sa retraite en 1935, et meurt onze ans plus tard. Pour honorer la mémoire de cet homme exemplaire, on a donné son nom au groupe scolaire des Poilus, une si jolie petite école…

Un bon père de famille

Parc potager de la Crapaudine
Avenue des Gobelets
Quartier **NANTES SUD** ◆ SÈVRE
Bus 42, arrêt Palmiers
Tél. 02 28 00 00 62

Hormis dans les contes de fées, on n'a guère l'envie d'embrasser les crapauds. Pourtant, il en est de sympathiques, comme ceux qui ont inspiré en partie le nom de ce jardin, créé en 1988 sur l'emplacement d'une ancienne tenue maraîchère. Le parc potager de la Crapaudine – qui porte également le nom d'une variété de betteraves – met aujourd'hui à l'honneur la culture biologique et l'action pédagogique, tandis que, chaque année, s'y tient un petit festival de jazz. Lors de la remise en état du site, on y découvrit un curieux petit amphibien du nom de « crapaud accoucheur ».

De petite taille – il mesure moins de 5 centimètres –, il est difficile à apercevoir, mais sait faire entendre son chant particulier afin, le printemps venu, de charmer sa femelle. Une fois celle-ci conquise, il se révèle un délicat compagnon, massant l'abdomen plein d'œufs de sa dulcinée. Cette tendre attention a pour but d'extirper les ovules qui sont immédiatement fécondés. Le mâle les fixe alors à ses pattes arrière et, pendant plus de trois semaines, se charge de la ponte, ne sortant de sa chaude et humide cachette souterraine que le soir afin de baigner les futurs têtards. Au moment opportun, il dépose sa progéniture dans une mare, en général celle où il est né. Sous l'effet de l'eau, des larves déjà bien constituées sortent des œufs.

Ce curieux batracien, au corps trapu et pustuleux, se rencontre surtout dans le sud-ouest de l'Europe, mais l'espèce devient rare – donc à protéger –, son habitat étant bien souvent détruit par l'urbanisation. S'il s'arme de patience et de discrétion, le promeneur pourra admirer les quelques crapauds accoucheurs du parc, qui nichent à proximité de la mare.

La palme du savon

Ancienne savonnerie
Parc de la Morinière
189, rue Jean-Baptiste-Vigier
COMMUNE DE REZÉ ◆ LA MORINIÈRE
Bus 97, arrêt Chêne-Gala

Avec l'abolition définitive de l'esclavage, en 1848, les négociants nantais ont été contraints de développer d'autres commerces pour assurer leur reconversion. C'est de cette époque que date l'installation des savonneries à Nantes. La première s'établit en 1837 sur les bords de Sèvre, dans le quartier de la Morinière, à Rezé. Cette zone accueille déjà depuis le XVIIIe siècle diverses industries, dont le dépôt de poudre de la ville de Nantes, puis la manufacture royale d'engrais sous Louis XVI. C'est l'armateur-collectionneur Thomas Dobrée qui finance en partie l'installation de la savonnerie de la Morinière, l'une des premières en France à produire un savon à base d'huile de palme importée de la côte occidentale d'Afrique. À cause de sa couleur jaune, le savon n'est pas commercialisé en France où l'on consomme traditionnellement du savon marbré ou blanc – Marseille domine alors le marché du savon à l'huile d'olive depuis plus d'un siècle. Le savon jaune à l'huile de palme est donc exporté en Amérique. En 1839, il reçoit la médaille de bronze à l'Exposition universelle, mais, trois ans plus tard, la fabrique de la Morinière doit fermer ses portes.

Peu après, Henri Suser acquiert l'usine et la transforme en une importante tannerie-corroierie qui emploie plus d'une centaine d'ouvriers. L'industrie est remplacée à la fin du XIXe siècle par une société de produits chimiques. En 1904, la famille Suser vend tous ses biens à la Ville de Rezé. En 1973, cette dernière achète le parc de la Morinière et le réaménage. Enfouie parmi les arbres remarquables de cette belle coulée verte de 3 hectares, seule subsiste de la savonnerie et des industries qui lui ont succédé cette haute cheminée en brique, témoin de l'existence d'une activité industrielle oubliée.

Le village des cap-horniers

Trentemoult
COMMUNE DE REZÉ ◆ TRENTEMOULT
Bus 30-97, arrêt Trentemoult et
Navibus Loire, arrêt Gare-Maritime

Pour découvrir ce délicieux village, l'approche la plus plaisante est sans conteste la voie fluviale. Au départ du quai Ernest-Renaud, à Nantes, le Navibus embarque les voyageurs pour une traversée de dix minutes. Naguère, la jonction entre les deux rives de la Loire était assurée par des bateaux appelés « roquios », qui furent retirés de la circulation en 1958.

Le village était autrefois une île appelée tantôt île des Chevaliers, du nom de l'ordre qui s'y serait installé au XIIIe siècle, tantôt île de Trentemoult. Cette étroite bande de terre entre Loire et Seil, un ancien bras de la Sèvre Nantaise, se peupla de pêcheurs. Elle était formée d'au moins trois îles et demeurait isolée du reste de la commune de Rezé jusqu'à la fin du XVIIIe siècle par le Seil. La construction d'un pont à péage, puis les comblements de la Loire au XXe siècle brisèrent le statut insulaire de sa population.

De son passé maritime, Trentemoult a gardé sa physionomie de hameau conçu contre vents et crues. Les petites maisons légèrement surélevées sont blotties les unes contre les

autres, pêle-mêle, sans aucun souci d'alignement. Certaines de ces habitations aux jolies couleurs ont conservé sur leur façade le crochet permettant de hisser les meubles au sec en cas d'inondation. Les venelles en zigzag portent les noms de cap-horniers qui résidaient là autrefois. Les demeures de ces marins ayant franchi le mythique cap Horn se trouvent plus en retrait, se distinguant par leur taille et leur élégance. Les jardins de ces belles maisons sont plantés de palmiers et autres végétaux tropicaux rapportés d'horizons lointains. L'exotisme de ces essences ainsi que les toits en tuile, et non en ardoise, accentuent le sentiment de dépaysement.

Trentemoult est devenu avec le temps un lieu de résidence très recherché, notamment par les artistes. À l'occasion du tournage de *La Reine Blanche* en 1990, Jean-Loup Hubert a fait revivre le temps d'un été le charme du village dans les années 1950. Des vestiges de décoration du film subsistent çà et là, rehaussant le pittoresque de l'ancien fief des pêcheurs de civelles et des aventuriers au long cours.

Du temps de Ratiatum

Site archéologique de Saint-Lupien
COMMUNE DE REZÉ ♦ SAINT-LUPIEN
Bus 30-97, arrêt Mairie-de-Rezé
Visite sur réservation au 02 40 84 43 96

Le site de Saint-Lupien, à Rezé, bien que situé à proximité de la route de Pornic, ne manque pas de charme. Mais ce qui en fait l'intérêt, pour les amateurs de vieilles pierres, c'est sans nul doute son caractère archéologique. Le terrain en effet a révélé ces dernières années de précieuses informations sur le Rezé antique, l'agglomération gallo-romaine de *Ratiatum*, rattachée à la capitale *Limonum* (Poitiers) et, de ce fait, à la province romaine d'Aquitaine.

Ratiatum a été une ville très importante dont la fondation remonte entre 10 av. J.-C. et 10 apr. J.-C. Son apogée se situe vers le IIe siècle de notre ère, où elle s'étend alors sur 2,5 kilomètres de longueur et sur 300 à 500 mètres de largeur. Les vestiges, essentiellement des fondations de bâtiments, correspondent au quartier portuaire. On y trouve d'immenses entrepôts assurant le stockage des marchandises, des échoppes et des ateliers artisanaux. Il est fort probable que la Loire coulait à l'emplacement actuel de la route de Pornic. Au fil des siècles, le fleuve se serait déporté de 500 mètres vers le nord. À ce jour, les fouilles menées chaque année en juin et juillet tendent à conforter cette hypothèse.

Ratiatum semble avoir été l'un des plus grands ports de la Gaule sur la façade atlantique, où transitaient des marchandises venues des quatre coins de l'Empire romain : amphores de vin, d'huile d'olive venant d'Espagne, vaisselle fabriquée dans l'Allier et matériaux de construction. L'origine de son nom viendrait du mot latin *ratis* qui désigne une embarcation à fond plat. Le déplacement probable du fleuve à la fin du IIIe siècle, époque de troubles, aurait entraîné celui du port antique plus à l'ouest au contact d'un ruisseau, la Jaguère. Une autre théorie consiste à penser que *Ratiatum* était le port antique de *Condevicnum* (Nantes).

Le site de Saint-Lupien n'a pas fini de livrer ses secrets…

Rendez-vous à la plage

Plage du boulevard des Pas-Enchantés
COMMUNE DE SAINT-SÉBASTIEN-SUR-LOIRE ◆ LA GIBRAYE
Bus 29-39, arrêt Gibraye
« Les Rendez-vous de la Plage » : festival annuel organisé le dernier week-end de mai

Comme son nom l'indique, Saint-Sébastien-sur-Loire, au sud de la cité des Ducs, est une ville tournée vers le fleuve. Elle possède un riche patrimoine naturel que le promeneur découvre en empruntant le boulevard si joliment baptisé des Pas-Enchantés. L'aménagement de l'ancien chemin en bordure de Loire et des îles est une agréable promenade avec arrêt obligé à la plage. Il est aujourd'hui interdit de se baigner, mais pas de se prélasser au soleil quand celui-ci est au rendez-vous. Face à La Baugerie, propriété où résidèrent le général Cambronne et sa femme Mary Osburn, la plage de Saint-Sébastien invite à la détente.

Au début du siècle dernier, cette bande de sable en bordure de Loire est déjà fréquentée par de nombreux Nantais. L'idée de faire de ce site un lieu populaire et attractif émerge au début des années 1960 sous l'impulsion du tout nouveau club nautique de Saint-Sébastien. Les pierres sont évacuées et on fait venir du sable, tandis que deux terre-pleins bordés de plantations achèvent le décor. Les bancs permettent aux visiteurs de se reposer et de jouir du panorama. Sous la surveillance de maîtres nageurs diplômés du club nautique, jeunes et adultes peuvent se familiariser avec l'eau. Certains prennent des cours de natation quand d'autres s'essayent à la voile.

En 1976, l'envasement de la berge marque la fin des activités nautiques. Depuis, la plage, qui s'étale sur plus de 100 mètres, reste toujours prisée des Ligériens. Chaque année durant trois jours, « Les Rendez-vous de la Plage » attirent un grand nombre de personnes venues assister aux spectacles, animations et concerts gratuits organisés sur les berges et sur la Loire. L'esprit est résolument guinguette, mais la programmation musicale est d'inspiration actuelle.

Note rustique au milieu du bitume

Mouilleur de la Galtière
Rue de la Galtière
COMMUNE DE SAINT-SÉBASTIEN-SUR-LOIRE ◆ LA GIBRAYE
Bus 29-39, arrêt Gibraye

Emprisonné dans une gangue de béton, au beau milieu d'un parking, et encerclé de part et d'autre de constructions, cet édifice rustique détonne dans ce paysage très urbain. Difficile de s'imaginer qu'autrefois ce réservoir d'eau se situait au milieu de cultures maraîchères. Ces dernières sont alors légion sur la petite commune de Saint-Sébastien. Carottes primeurs, melon et muguet y sont produits, destinés à approvisionner les étals des marchés nantais.

À cette époque, les maraîchers occupent la moitié de leur temps de travail à arroser leurs cultures, corvée ô combien pénible, exécutée à l'aide d'un arrosoir qu'ils remplissent au puits le plus proche ou directement à la Loire. À partir des années 1920, l'apparition des mouilleurs, du type de celui de la rue de la Galtière, est donc une aubaine pour les producteurs qui disposent enfin d'une réserve d'eau de proximité.

L'arroseur de la Galtière est l'un des premiers construits à Saint-Sébastien. Il dépend alors du domaine de la Tullaye, ancienne propriété de la mère du général Cambronne, né en 1770 à Nantes et qui y a résidé une partie de son enfance. La fin de l'Empire napoléonien le met en retraite anticipée ; il se retire alors dans cette demeure familiale située en bord de Loire. Là, il rencontre l'Écossaise Mary Osburn, sa future épouse, riche propriétaire du manoir voisin de La Baugerie. Mais Cambronne est mort depuis longtemps lorsque le mouilleur est édifié.

Architecture industrielle et peaux de bêtes

Ancienne tannerie-corroierie Le Roy
Quartier Rousselière
La Rousselière (village)
COMMUNE DE VERTOU ◆ LA ROUSSELIÈRE

Parmi les plus anciennes industries de la région nantaise, il faut citer les tanneries, dont il ne reste aujourd'hui que peu de traces. La tannerie-corroierie Le Roy, encore visible sur la commune de Vertou, est l'un des derniers témoins de cette activité disparue, et son architecture XIXe mérite le détour.

En 1850, Pierre Félix Devin pose la première pierre de sa tannerie sur les bords de l'Îlette, affluent de la Sèvre Nantaise – importante voie commerciale à l'époque – elle-même affluent de la Loire. Fleuron régional de l'architecture industrielle, la magnifique bâtisse, extrêmement soignée dans le choix des matériaux et du décor, est appareillée en moellons de gneiss et de schiste, émaillée çà et là de briques aux tons différents avec des moulures en terre cuite. Le verre et le fer structurent la grande halle de 600 m^2 d'influence anglaise.

À ses débuts, la tannerie emploie cinq personnes et s'approvisionne en peaux directement auprès des bouchers puis, plus tard, dans les abattoirs. L'entreprise prospère et le bâtiment est prolongé par deux ailes latérales. En 1894, après le départ à la retraite de son père, Louis Devin lui succède à la tête de l'usine. Quatre ans plus tard, la société Les Frères Le Roy reprend la tannerie et poursuit l'activité, employant jusqu'à 200 personnes. Dans les années 1920, la concurrence du caoutchouc et l'automatisation de la production amorcent le déclin de la filière. En 1954, c'est la faillite. Aujourd'hui, le magnifique bâtiment est devenu une résidence hôtelière.

Bibliographie

OUVRAGES

Abed (Loïc) et **Belser** (Christophe), *Les chantiers navals de Basse-Loire en 30 questions*, Geste Éditions, 1998.

Association d'action socioculturelle et éducative de la Boissière (AASCEB), *Histoire des quartiers Nord de Nantes*, tome 1, 2000.

Belser (Christophe) et **Bloyet** (Dominique), *Les grandes affaires criminelles de Loire-Atlantique*, De Borée Éditions, 2008.

Bienvenu (Gilles) et **Lelièvre** (Françoise), *Nantes, l'Île Feydeau, Loire-Atlantique*, ADIG, coll. « Images du Patrimoine », 1992.

Billy (Aurélie), *Guide historique du quartier Saint-Vincent de Nantes, XVe siècle – Après-guerre*, DESS Histoire et Gestion du Patrimoine Culturel, Paris I Sorbonne, Livret réalisé dans le cadre d'un stage à Nantes Renaissance, septembre 2002.

Bloyet (Dominique), *Histoire des brasseries nantaises*, Éditions Chemins de la Mémoire, coll. « Les dossiers de la mémoire », 2003.

Bodinier (Jean-Louis), **Breteau** (Jean) et **de La Casinière** (Nicolas), *Le quai de la Fosse*, Éditions Apogée, 1999.

Bovar (André), *Nantes 1944-1965. Chronique d'une renaissance*, Éditions Opéra, 2006.

CAUE, *Architectures et patrimoine du XXe siècle en Loire-Atlantique*, Coiffard Librairie Éditeur, 2006.

Combier (Marc), *Anciennes publicités murales*, Éditions Ouest-France, 2008 (2006).

Daguin (Alain-Pierre), *En bernaudant dans les rues de Nantes*, Éditions Vanden, 2002.

De Berranger (Henri), *Évocation du Vieux Nantes*, Éditions de Minuit, 1966.

Dutertre (Emmanuelle), *Savons et savonneries, le modèle nantais*, Éditions MeMo, Association e+pi, coll. « Carnets d'usines », 2005.

Evenou (Gwenaël) et **Kaspathy** (Bose), *Gracieux, souriants, grimaçants, les mascarons de Nantes*, Pos.ad Éditions, 1997.

Fleury (Didier), *Nantes, les comblements de la Loire et de l'Erdre 1926-1946*, Éditions Château des Ducs de Bretagne, musée d'Histoire de Nantes, 2007.

Halgand (Marie-Paule) et **Guillaume** (Jacques), *Basse-Loire, une histoire industrielle*, Éditions MeMo, Association e+pi, coll. « Carnets d'usines », 2007.

Lallié (Alfred), *À Nantes, le ministère d'un évêque jureur, Julien Minée (1791-1794)*, Éditions du Choletais, réédition de 1991.

Lallié (Alfred), *Les prisons de Nantes*, Éditions du Choletais, coll. « Guerres de Vendée », seconde version revue et corrigée, 1988 (1912).

Legal (Pierre), *L'orgue à l'épreuve de l'industrie, la manufacture Debierre*, Éditions MeMo, Association e+pi, coll. « Carnets d'usines », 2005.

Lhomeau (Eric) et **Roberts** (Karen), *Élisa Mercœur, la muse armoricaine (1809-1835)*, Éditions Le Veilleur de Nuit, 2005.

Martin (Gaston), *Nantes et la Compagnie des Indes*, M. Rivière, 1927.

Musées départementaux de Loire-Atlantique, Musée Dobrée, *Iconographie de Nantes*, 1978.

Nantes Renaissance, *Des édifices nantais*, 1999.

Patillon (Christophe) et **Souchet** (Jean-Luc), *Chantenay, histoires illustrées d'une ville devenue quartier*, Éditions du CDMOT, 1993.

Péron (André), *L'Erdre et ses bateaux-lavoirs, les blanchisseuses de Barbin*, Éditions Ressac, 1996.

Péron (André), *Le passage Pommeraye*, Éditions Ressac, 1984.

Péron (André), *Nantes au temps des omnibus*, Éditions Ressac, 1986.

Péron (André), *Nantes et la Révolution, la mémoire des lieux*, Éditions Ressac, 1988.

Péron (André), *Nantes et son tramway*, Éditions Ressac, 1985.

Péron (André), *Sur les ponts de Nantes*, Éditions Ressac, 1995.

Pied (Édouard), *Notices sur les rues, ruelles, … de la Ville de Nantes*, La Découvrance, réédition de 1995 (1906).

Pinson (Daniel), *L'indépendance confisquée d'une ville ouvrière*, Chantenay, ACL, 1982.

Rochecongar (Yves), *Capitaines d'industrie à Nantes au XIXe siècle*, Éditions MeMo, 2003.

Rochecongar (Yves), *Des navires et des hommes. De Nantes à Saint-Nazaire, 2000 ans de construction navale*, Éditions des Hommes et des Techniques, 1999.

Roy (Bernard), *Les grandes heures de Nantes et Saint-Nazaire*, Les Éditions Ozanne, Paris, 1951.

Sauzereau (Olivier), *Nantes au temps de ses observatoires*, Coiffard Librairie Éditeur, 2000.

Sclaresky (Monique), *Nantes à la Belle Époque*, Éditions Ouest-France, 1992 (1986).

Trochu (Mgr F.), *Le chanoine Louis Larose, curé-fondateur de la paroisse Sainte-Thérèse de l'Enfant-Jésus à Nantes*, Presse de l'Apostolat, 1960.

Ville de Nantes, *Îles de Loire*, Bibliothèque Municipale de Nantes, 1987.

Ville de Saint-Sébastien, *Entre Sèvre et Loire à l'aube du troisième millénaire*, 2000.

ARTICLES

Bienvenu (Gilles), « Le chapeau, la perruque et l'habit doré de Pierre Rousseau », *303*, n° XXXVI, 1993.

Biette (Arnaud), « Itinéraire du patrimoine industriel », *Archéologie industrielle en France*, n° 41, décembre 2002.

Bossard (Louis), « Les statues de Louis XVI », *Revue du Souvenir vendéen*, n° 230, mars 2005.

Courrier de la Compagnie Générale Maritime, *Spécial Nantes-Saint-Nazaire*, n° 1 (nouvelle série), printemps 1979.

Delaval (Alain), « Notre-Dame de Bon-Port, le baroque décalé », *303*, n° LI, 1996.

Guéné (Hélène), « Odorico mosaïste », *303*, n° XVI, 1988.

« Histoire et Patrimoine de la commune », *La revue des « Amis de Saint-Sébastien »*, n° 2 et n° 3.

« Les Annales de Nantes et du Pays nantais », *Revue de la Société académique de Nantes et de la Loire-Atlantique*, publication trimestrielle.

Salaün (Gildas), « Quand Nantes battait monnaie », *La lettre de Nantes Renaissance*, n° 65, janvier 2007.

Index

C

D

E-F

G

H

I-J-K

L

M

N

O

P-Q

Édition : Mathilde Kressmann
Avec la collaboration de Françoise Massonnaud et de Véronique Ducros

Direction artistique : Isabelle Chemin, assistée de Marylène Lhenri
Maquette : Anne Delbende [Nota Bene]
Photogravure : Alésia Studio

Achevé d'imprimer en décembre 2010, sur les presses de l'Imprimerie Moderne de l'Est,
à Baume-les-Dames, imprimeur respectant toutes les normes environnementales.

ISBN : 978-2-35179-040-3
Dépôt légal : avril 2009